山东大学中文专刊

蔡伦造纸与纸的早期应用

齊魯書社

刘光裕 陈静 著

图书在版编目（CIP）数据

蔡伦造纸与纸的早期应用 / 刘光裕, 陈静著. -- 济南：齐鲁书社, 2021.12
（山东大学中文专刊）
ISBN 978-7-5333-4543-3

Ⅰ. ①蔡… Ⅱ. ①刘… ②陈… Ⅲ. ①蔡伦（?-121）-生平事迹②造纸工业-技术史-中国-古代 Ⅳ. ①K826.16②TS7-092

中国版本图书馆CIP数据核字(2022)第002304号

责任编辑：刘　强　王亚茹　　责任校对：王其宝　赵自环
装帧设计：亓旭欣

蔡伦造纸与纸的早期应用
CAI LUN ZAOZHI YU ZHI DE ZAOQI YINGYONG
刘光裕　陈　静　著

主管单位	山东出版传媒股份有限公司
出版发行	齊魯書社
社　　址	济南市英雄山路189号
邮　　编	250002
网　　址	www.qlss.com.cn
电子邮箱	qilupress@126.com
营销中心	（0531）82098521　82098519　82098517
印　　刷	山东新华印务有限公司
开　　本	700mm × 1000mm　1/16
印　　张	15.25
插　　页	3
字　　数	123千
版　　次	2021年12月第1版
印　　次	2021年12月第1次印刷
标准书号	ISBN 978-7-5333-4543-3
定　　价	58.00元

山东大学双一流建设『中国古典学术』专项资助项目

《山东大学中文专刊》
编辑工作组

刘光裕（1936—），江苏武进人。

中国著名编辑学家，编纂中国出版通史的最早倡导者之一。1959 年毕业于山东大学中文系，留校执教。1970 年，借调至山东省“革委”写作组。1973 年，全国十家直属中央的综合大学学报奉命复刊，山大《文史哲》为其中之一，刘光裕回山大任《文史哲》编辑部副主任（主任空缺），全权负责复刊事宜。在“文革”极左环境中，《文史哲》1973 年复刊号因相对偏重学术而获邮局征订七十万份，实际印二十四万，前后加印三次。1975 年初，重回山东省“革委”写作组。1978 年，任中共山东省委宣传部理论研究室副主任。1979 年夏，再次回山东大学出任《文史哲》编辑部主任。《文史哲》发行量在 1982、1983 两年共增加一万份，总数达三万三千份，高居全国同类刊物之首。1984 年冬，辞去学校行政职务回中文系教书，绝意仕途，埋头读书。1996 年退休。自 20 世纪 80 年代中期开始研究编辑学，著有《柳宗元新传》（1989 年，上海人民出版社；中国书籍出版社 2017 年再版）；《编辑学论稿》（1989 年，山东教育出版社）；《编辑学理论研究》（1995 年，山东教育出版社）；《历史与文化论集》（2004 年，中国文学出版社）；《先秦两汉出版史论》（2016 年，齐鲁书社）等。另有文艺学、哲学、经学、史学、文字学等方面论文数十万字，其中数篇文章被《新华文摘》、人大复印资料全文转载。

《山东大学中文专刊》编辑出版说明

《山东大学中文专刊》，是山东大学中文学科学者著述的一套丛书。由山东大学文学院主持编辑，邀请有关专家担任编纂工作，请国内有经验的专业出版社分工出版。山东大学中文学科与山东大学的历史同步，在社会巨变中，屡经分合迁转，是国内历史悠久、名家辈出、有较大影响的中文学科之一。1901年山东大学堂创办之初，其课程设置就包括经史子集等中文课程。1926年省立山东大学在济南创办，设立了文学院，有中国哲学、国文学两系。20世纪30年代至40年代，杨振声、闻一多、老舍、洪深、梁实秋、游国恩、王献唐、张煦、丁山、姜叔明、沈从文、明义士、台静农、闻宥、栾调甫、顾颉刚、胡厚宣、黄孝纾等著名学者、作家在国立山东（青岛）大学、齐鲁大学任教，在学术界享有盛誉。新中国成立后，山东大学中文学科迎来新的发展时期，华岗、成仿吾先后担任校长，陆侃如、冯沅君先后担任副校长，黄孝纾、王统照、吕荧、高亨、高兰、萧涤非、殷孟伦、殷焕先、刘泮溪、孙昌熙、关德栋、蒋维崧等语言文学名家在山东大学任教，是国内中文学科实力雄厚的学术重镇。改革开放以来，新中国培养的一代学术名家周来祥、袁世硕、董治安、牟世金、张可礼、龚克昌、刘乃昌、朱德才、郭延礼、葛本仪、钱曾怡、曾繁仁、张忠纲等，以深厚的学术功力和开拓创新精神，谱写了山东大学中文学科新的辉煌。总结历史成就，整理出版几代人用心血和智慧凝结而成的著述，是对学术前辈最大的尊敬，也是开拓未来，创造新知，更上一层楼的最好起点。2018 年 4 月 16 日，山东大学文学院新一届领导班子奉命成立，20 日履任。如何在新的阶段为学科发展做一些有益的工作，是摆在面前的首要课题。编辑出版《山东大学中文专刊》是新举措之一。经过一年的紧张工作，一批成果即将问世。这其中既有历史成就的总结，也有新时期的新著。相信这是一项长期的任务，而且长江后浪推前浪，在未来的学术界，山东大学中文学科的学人一定能够创造出无愧于前哲，无愧于当代，无愧于后劲的更加辉煌的业绩。

山东大学文学院

2019 年 10 月 11 日

前言　我们为什么要纪念蔡伦造纸？

本书收录三篇旧作：《论蔡伦发明“蔡侯纸”》《发明家蔡伦生平事迹考》《以纸代简考——纸早期应用史》，均作于1999年。其中，《论蔡伦发明“蔡侯纸”》一文于2000年在《出版发行研究》两期连载，后收入宋原放主编《中国出版史料（古代部分）》第一卷。当年写这些文章，本是为研究古代出版史所做的准备。古代出版史大致就是书籍出版史，基本任务是系统考察书籍领域通过媒介工具的推广应用，如何迅速而有效地将作者的著作活动与读者的阅读活动联系起来，既努力提高作者创作的积极性，又不断激发读者的接受热情。在我看来，古代出版史一个不可忽略的核心问题是，必须视书籍为媒介工具。在古代史上，始于东汉的纸书是世界上最先进的媒介工具，而其关键人物就是蔡伦。因此，考察蔡伦造纸及纸的早期应用，不能不成为我研究出版史的头等大事，结果就写了这三篇文章。这次为结集出版，文章都做了修改，算是亡羊补牢。修改之后，似觉意犹未尽，故而围绕如何评价蔡伦造纸这个话题，再谈一些意见，以就教于方家。

20世纪中叶以来，随着考古实物中不断发现蔡伦以前生产的纸，学界一些人认为：蔡伦以前既然已经有纸，说明在他之前造纸已经成功了，于是断蔡伦造纸成功就是所谓“改良”。数十年来，这个“改良”说盛行不衰，未见异议。在我看来，蔡伦以前已经有纸，虽为毋庸置疑的事实，可是它不能成为“改良”说赖以成立的理由或根据。为什么？这是因为东汉造纸具有明确的既定目的，由此看东汉造纸成功与否的根据，并不是已经有纸，而是造纸之既定目的是否已经实现。东汉为何造纸？如《后汉书·蔡伦传》所说，是为了解决媒介应用中“缣贵而简重，并不便于人”[①] 的问题。从这句话可以推知，东汉朝野为造纸其事确立两方面的要求：其一，针对“缣贵”而言，要求造纸务必做到成本低廉；其二，针对“简重”而言，要求纸张务必达到轻便好用。一为成本低廉，一为轻便好用，两者结合起来，就是以价廉而物美作为既定目的。只有这个既定目的完全实现，造纸才算成功。虽然当时已经有纸，或早已有纸，只

① 《后汉书》卷七十八《蔡伦传》。

要这个既定目的尚未实现，就是造纸尚未成功，或尚未完全成功。顺便说明，“缣贵而简重”之“简”，其含义包括简（竹简、木简）与牍。这里所说“简”的含义与此相同，不另出“牍”或“简牍”之词。

下面，我用从《后汉书》中找到的两则文献资料作为根据，说明蔡伦造纸成功的元兴元年即公元105年以前，东汉早已有纸。其一，在公元102年以前，“纸墨”早已成为“方国贡献”①，也就是成为地方官府进献给朝廷的贡品。鉴于缣帛无法与墨并称，凡“纸墨”并称之“纸”，必为植物纤维纸，不可能是《后汉书·蔡伦传》所说“其用缣帛者谓之为纸”的“缣帛”。其二，公元76年，东汉章帝将“纸传”（用“纸”抄《左传》）赠送经学家贾逵的二十位弟子。② 鉴于这次与“纸传”对应者为“简经”，再从“经重而传轻”这个经学原则看，可知“纸传”之“纸”必定是植物纤维纸。因为如果“纸传”之“纸”是《蔡伦传》所说“其用缣帛者谓之为纸”的“缣帛”，由此产生的问题就太大了。为什么？按汉代常规，与“简经”

① 《后汉书·皇后纪上》：“是时，方国贡献，竞求珍丽之物。自（邓）后即位，悉令禁绝，岁时但供纸墨而已。”据《后汉书·孝和帝纪》载，邓绥由贵人册封为皇后的时间是永元十四年（102）六月。

② 《后汉书·贾逵传》：“（章帝于建初元年）令逵自选《公羊》严、颜诸生高才者二十人，教以《左氏》，与简纸经传各一通。”章怀注“简纸”曰：“竹简及纸也。”按：章帝建初元年为公元76年。

对应者，理当是“简传”；其中，“简经”用二尺四寸简，“简传”用八寸简。“经”与“传”之用简为何长短不一样？当时的用意是通过汉代简策应用领域的“以长为尊”原则，借以表示“经重而传轻”这个重要经学观念。诚然，汉代是“竹帛”并用，所用简书比先秦多，且更为常见。可是，人们甘愿多费钱财，而用昂贵的帛书取代简书，这绝非无缘无故，一般都是为了表示特别隆重、特别重视之类主观意识。由此看来，“纸传”之“纸”如果真的是“缣帛”，就是故意用昂贵的“帛传”取代“简传”，这在当时看来无疑是表示对“传”的特别重视。而且问题之严重更在于其结果是，“简经”与“帛传”相对应。这种情况在当时看来等于公然宣称“经轻而传重”，颠覆了“经重而传轻”的传统，必然招致朝野所有人的反对与愤怒。如今未见有人反对，说明“纸传”之“纸”绝不是“缣帛”。实际上，无论章帝、贾逵还是普通官员，都不可能犯这种违反经学常识而荒唐可笑的低级错误。上面两则文献资料，可以证明蔡伦造纸成功的公元105年以前，不仅早已有纸，而且早已用纸抄书。

蔡伦所造纸，与蔡伦以前就有的纸，包括“方国贡献”的“纸”与“纸传”之“纸”等，无疑都是植物纤维纸；那么，两者之间又有怎样的不同呢？根据《后汉书·蔡伦传》“自是莫不从用焉，故天下咸称‘蔡侯纸’”这句话，特别是其中“自是”二字，可知“蔡侯纸”是东汉造纸以来所有纸品中第一个在社会上被“莫不从用”的纸品。据此可知，“蔡侯纸”与蔡伦以前所有纸品之间的一个重要区别是：前者已经“莫不从用”，后者尚未“莫不从用”。所说“莫不从用”的主体，必须是很多人，或曰社会公众。结合社会环境看，“莫不从用”的大致意思是，社会公众甘愿放弃简策而争相使用“蔡侯纸”。我国使用简策，自殷商到汉代已有一千多年。那么，人们为何甘愿放弃用惯了的简策而改用“蔡侯纸”呢？原因是“蔡侯纸”作为媒介工具，已经兼有简书与帛书两者的优点；换言之，就是“蔡侯纸”已经超越人们日常所用的简与简书。因此，放弃简策而用“蔡侯纸”，等于抛却不便与麻烦，获得轻松与愉快。可见，“莫不从用”的根本原因不是别的，而是“蔡侯纸”本身已经臻于价廉而物美的境界。而“莫不从用”“蔡侯纸”的客观意义是，社会公众以争相使用“蔡侯纸”的实际行动，令人信服地证明“缣贵而简重”的问题已获得圆满解决。由此看来，“蔡侯纸”的成功，必然成为造纸既定目的已经完全实现的标志；而“蔡侯纸”诞生的元兴元年即公元 105 年，不能不成为早期造纸史上光耀千秋的里程碑与历史转折点。

现在，再看蔡伦以前早就有的那些纸品，它们尚未“莫不从用”的根本原因不是别的，而是自身尚未臻于价廉而物美的境界，或为价廉尚未达标，或为物美尚未完成，或为两者兼有。因此，它们只是在有限的范围内使用，现在看来可称为“试用”。公元76年的“纸传”就是其中一例。

从公元105年以前那些尚未“莫不从用”的纸品，演变到“莫不从用”的“蔡侯纸”，这就是东汉造纸从尚未成功发展到大获成功的历史过程。所以，蔡伦虽不是最早的造纸者，但他无疑是造纸的最终成功者。凡做一件事，只有获得成功之后才可能有所谓“改良”的问题，现在的史实是蔡伦以前造纸尚未成功，故而如今学界称蔡伦的功绩为“改良”，逻辑上完全讲不通；再从蔡伦是造纸最终成功者看，现在称之“改良”，除了抹杀蔡伦功绩与混淆视听，不可能另有什么用处。

作为造纸最终成功者的蔡伦，在继承已有丰富成果的基础上，又致力于关键技术的有效突破，这一点可从原料与工艺两方面去看。从原料方面看，《后汉书·蔡伦传》说：“伦乃造意，用树肤、麻头及敝布、鱼网以为纸。”从“伦乃造意”可知，当年以麻料纤维造纸，当为蔡伦以前早已有之；然而以废弃麻料（“麻头及敝布、鱼网”）与树皮（“树肤”）造纸，当为蔡伦之首创。其目的主要是降低生产成本，而其原因又在于东汉朝野坚持以成本低廉作为造纸之既定目的。从传播学看，将成本低廉作为造纸既定目的的这种观念，因为着意于受众数量最大化，大致相当于今天媒介领域常说的“大众性”。从工艺方面看，蔡伦造纸工艺由“切料与脱胶”“舂捣纸浆”“抄纸与纸药”三部分组成。于此，蔡伦的创新最多，贡献最大，谨请参见本书《论蔡伦发明“蔡侯纸”》一文中“‘蔡侯纸’的生产工艺”一节。在我看来，蔡伦是集造纸技术大成的杰出科学家，是把中国造纸技术从不成熟阶段提升到成熟阶段的伟大发明家。他发明了完整而成熟的造纸技术。在发明造纸的接力长跑中，蔡伦以前无数先驱前赴后继，不屈不挠，做出杰出贡献；而蔡伦是接力长跑的最后一棒，他完成了关键的最后一步，终于登上无限光辉的顶峰。

从前面的叙述中，我们又可获得以下认识。

1. 从“纸墨”早就成为朝廷贡品（“方国贡献”）看，蔡伦造纸成功以前的地方郡县中，必有从事造纸者。

公元 76 年“纸传”之“纸”，大概就是源于“方国贡献”，因为朝廷内部一般不造纸。由此推测，纸作为贡品的时间当在公元 76 年以前。既然如此，造纸之事在当时并无秘密可言，朝野无人不知。再者，纸一旦成为贡品，其中必有朝廷鼓励的用意，时间一长，难免出现跟风仿效者。由此推想，蔡伦以前从事造纸的地方官府有可能不止一家，或许已有几家，然而也不会很多。原因主要是蔡伦以前的那些纸品，因为尚未“莫不从用”的缘故，无法成为可以在交换中赢利的商品，故而从事造纸多半是要亏本的。在此情况下，纸成为贡品就可以接受官方补贴，并非没有好处。不过，官方补贴不能不受限制，故而蔡伦以前虽已造纸，其规模必定有限，难以扩大。“蔡侯纸”“莫不从用”出现之后，就为纸成为赢利的商品创造了有利条件，也为造纸作坊的生产与经营开辟了光明前景，从而为我国造纸业的蓬勃发展奠定了坚实的基础。

2. 从章帝赐贾逵弟子“纸传”可知，公元 76 年所造之纸，已可用于抄书，并具有相当水平。

公元 76 年所造之纸，即“蔡侯纸”诞生 29 年以前之纸，已可用于抄书。不过，从与“纸传”相对者为“简经”看，说明《春秋》经文依旧用简。那么，《春秋》经文为何不用纸而用简呢？原因概为当时之纸，虽具相当水平，然而在总体上仍不如简。换句话说，就是“缣贵而简重”这个问题尚未完全解决，造纸尚未完全成功。故而将“简经”与“纸传”相对，观念上仍可代表“经重而传轻”这个经学原则。

再者，从公元 76 年出现“纸传”还可推知，“蔡侯纸”以前那些尚未“莫不从用”的纸品，虽已交付使用，然而纸的使用范围，包括人际范围与使用事项等，都是非常有限的。例如，章帝这次赐贾逵弟子的除了“纸传”还有“简经”，表明比

《左传》重要的《春秋》经文没有用纸，而是仍旧用简。再如永平十七年（74），明帝命贾逵作《神雀颂》，“敕兰台给笔札”[①]。此处“笔札”之“札”就是简策。这件事的时间是公元74年，仅比“纸传”早两年，此时朝廷手里想必有纸，虽然如此，明帝仍然赐贾逵“札”，而不是纸。由此看来，当时臣僚写作与皇帝阅读尚未用纸，仍旧用简。再联系东汉诏令章奏等概为用简看，可知这时候媒介应用领域基本上悉遵旧章，大都仍旧用简。由此可见，“蔡侯纸”以前那些纸品的使用范围是非常有限的。不过从历史过程看，这件事却具有重大意义。为什么？因为东汉造纸是从无到有的，不得不从一片空白起步。当造纸先驱造出了最初的纸后，纸的质量性能究竟如何，只有通过使用者应用实践的检验才能弄清楚。离开使用者的应用实践，只靠生产者自己，无法完全弄清有关造纸成败得失的各种问题。而“蔡侯纸”以前的纸品在有限的范围内使用，其重大作用就在于通过应用实践的检验，摸清有关造纸成败得失的各种问题，从而为生产者总结经验，进而为改进技术与重新设计方案提供不可或缺的基本条件。所以，可敬的造纸先驱要是离开了使用者的应用实践，必将寸步难行，更难有所成就。由此看来，将纸作为“方国贡献”这件事，如果

① 《后汉书》卷三十六《贾逵传》。

抛开特权或权势之类理解，仅就技术层面而言，却是大为有益的。因为随着纸成为贡品，必定要求生产者主动关心纸的应用情况，促使生产者与使用者双方紧密结合，从而促使东汉造纸从不成熟迅速走向成熟。

3. 从最初造纸到蔡伦造纸获得最终成功，其间不能不经历相当漫长的过程。

从公元76年的“纸传”到公元105年“蔡侯纸”的诞生，两者相距已有29年，相当于间隔一两代人。再从“纸传”成为皇帝赠品可知，当时用纸抄书之事必定在公元76年以前已经有了。假如这“纸传”为第一次用纸抄书，那么将它作为皇帝赠品就有过于草率之嫌。鉴于从最初造纸到所造纸可以用于抄书，势必耗费较长时间，由此看最初造纸的时间，必定在公元76年的很早以前，具体时间难考。如此看来，从最初造纸到“蔡侯纸”诞生，不能不经历数代人前赴后继、坚持不懈、不屈不挠的努力奋斗。这是一个漫长的过程。究其原因，可能有二：其一，造纸是古代科技含量较高的一门应用技术；其二，东汉造纸是从无到有的伟大创造。将这两个原因结合起来看，东汉造纸必定问题成堆，困难重重，没有长时期的努力奋斗，难以成功。

美国学者卡特在其著作《中国印刷术的发明和它的西传》

中论证的一个历史事实是，世界各国的造纸技术无不是直接或间接地源于中国，亦即从中国引进。那么，世界上多数国家为什么可以通过努力自行掌握纺纱织布、造车盖屋等，却无法通过努力自行掌握造纸技术呢？原因概为造纸的科技含量较高，技术非常复杂。古代以天文历算等诸多发明享誉世界的阿拉伯人，通过丝绸之路早就知道中国造纸，可是始终无法自行掌握这门技术。到唐代中叶，他们在中亚一次战争中，俘虏了唐将领高仙芝军中的中国造纸工匠。通过我国工匠的传授，阿拉伯人学会了造纸。身处中世纪的欧洲各国更是无法自行掌握造纸技术，他们从阿拉伯人那里学会了中国造纸术。世界各国之所以不能自行掌握造纸技术，当然不是因为没有需求，原因概为造纸术过于复杂，困难重重，虽有需求也不能自行掌握，非靠引进不可。

对东汉造纸来说，因为没有先例可循，必须从一片空白做起，困难与问题之多，非今人之可想；要完成这个科技含量较高的伟大创造，谁都无法轻而易举，一蹴而就。当时造纸先驱比别人高明之处，或许有二：其一，为造纸确定奋斗目标，即要解决媒介应用中“缣贵而简重，并不便于人”这个问题。此举的重大意义就在，着意于生民，又志在中华，足以吸引众多志士仁人为之奋斗。不仅如此，又因为目标正确，目的明确，犹如暗夜之明灯照亮前程，可以避免重大挫折，少走弯路，激励人们勠力同心，直奔胜利。其二，利用我国千百年来处理并使用麻类纤维的丰富经验。此举之非同凡响之处是，充分利用原有科技资源，少走不少弯路，缩短了技术上走向成功的距离。以上两点说明，我先民之高瞻远瞩、胸襟阔大与富于睿智，值得千古歌颂！再从另一方面看，因为造纸是从无到有的，人们最初可能只有一个设想，所有人都不知道如何才能造出合格的纸。造纸先驱的与众不同之处是，敢于白手起家，勇于投身实践，他们坚持从实践中学习技术，从失败中增长才干。对造纸先驱来说，他们无法未卜先知，要想掌握造纸技术，必须投身实践，在实践中学习，只能如此，别无他法。可是，凡是实践都有一个过程，必定耗费无数时间。如此看来，造纸先驱坚持通过实践开展造纸，从一无所知开始，直至最后胜利，其间不能不经历艰苦而漫长的过程。

问题还不限于此。如前所说，造纸先驱的生产实践，必须与使用者的应用实践相结合，而应用实践的作用主要是检验产品的成败得失。那么，怎样检验产品的成功与失败？简单地说，所造之纸符合应用实践的要求才算成功；如果不符合，就是失败或不成功。就纸的应用实践而言，可分书写应用与媒介应用两部分。从书写应用看，它要求纸面光洁度达到一定程度，还要求纸面之吸墨性与渗水性两者趋于平衡。因为所造之纸以植物纤维为原料，当用毛笔书写，纸面因纤维间毛细管作用很容易出现渗水现象。诸如纸面渗水严重与否、控制渗水是否成功这类问题，只有通过书写应用的实践检验才能弄明白，只靠生产者难以搞清楚。再从媒介应用看，它要求纸张必须具有一定的强度与韧性，否则纸或纸书容易折断、容易散裂，不宜于阅读、携带与贮存，从而造成诸多麻烦与不便。要想搞清楚具有怎样强度与韧性的纸才算达标或才算成功，非经媒介应用的实践检验不可，只靠生产者难以搞清楚。不仅如此，从应用实践中获得的各种意见或建议，先要将它们体现在生产者设计的新技术、新方案中，然后据此在生产实践中制成产品，这样才算告一段落。完成这个过程，无疑需要更多时间。这样看来，当年造纸取得的每一个进步，都要耗费大量时间，时间短了肯定不行。

如今，人们大都把发明造纸看得过于容易、过于简单。或以为可以一蹴而就，或以为可以毕其功于一役，或以为可以完成于一人或一时，诸如此类，无非是不切实际的空想罢了。

4. 东汉造纸的发明者究竟是谁？

这个造纸发明者，其实是从最初造纸到最终成功的漫长过程中，为造纸做出贡献的所有人组成的一个特定群体。这个特定群体的成员，因为大多无人留下姓氏，所以是一个无名氏群体。在这个无名氏群体中，蔡伦是唯一一个留下真实姓名者，可谓莫大幸运。对发明造纸的这个特定群体来说，作为最终成功者的蔡伦，无疑是该特定群体名副其实的代表，也是当之无愧的唯一代表。从这个角度说，称蔡伦发明纸也是可以的。

我国古代出于特殊国情，对媒介工具的需求不仅数量大，而且应用广，不可或缺。造纸作为一门应用科技，对国计民生意义重大，影响深远。再看我国古代其他重大发明。从内容看，它们大都与造纸一样，属于有关国计民生的应用科技；从发明者看，也大都与造纸一样，发明者是特定的无名氏群体。大都如此，例外较少。究其原因，主要受我国传统文化中两大因素的影响：一为家国观念，一为儒家“民本”思想。

古代的家国观念，萌生于商周，成熟于春秋战国，由此逐渐产生了社会与集体高于个人的思想。在中国古人头脑中，至高无上者唯为国家，唯为民族，可谓国家至上，民族至上。与国家民族相比，学说、学派与宗教这些都处于次要地位。东汉从事早期造纸的那些志士仁人，他们之所以不计个人得失，无怨无悔，默默贡献自己的力量，原因就在于根深蒂固的家国观念。家国间的基本关系是：有“国”才有“家”，有“家”才有个人。由此出发，他们相信帮助国家完成造纸之事，必定在造福国家之外，也能造福他们自己，并能惠及子孙后代。其中道理借用一句俗话，就是“大河有水小河满”。所以，人们为了完成造纸这件利国利民的大事，可以不计个人得失，无怨无悔地贡献自己的力量。中国古人的这种思想观念与行为方式，西方人至今无法理解。

再说儒家“民本”思想。所谓“民本”，若用一句话说就是“民惟邦本，本固邦宁”①。它的大致意思是国家的长治久安，必须以人民的安居乐业作为前提与基础，借用一句俗话，就是所谓“国泰民安”。“国泰”与“民安”两者互相依存，等于“国”与“民”获得双赢。“民本”思想作为政治学说，强调“国”与“民”必须双赢。凡双赢或多赢，其哲学基础必为“中庸”，“民本”的生命力也源于“中庸”。儒家学说是一个复合体，其中“礼治”具有较多保守性，而“民本”与“尚贤”则具有较大合理性。“尚贤”，相当于组织路线；“民本”包括仁政，相当于政治路线；两者结合，遂成为中国古代政治之最优者。凡尊儒，必行“民本”；凡行“民本”，必以民生为重，以爱民为尚。东汉朝廷最高统治者包括章帝、和帝与临朝听政的邓后等为何都热心支持造纸？主要是因为造纸既能为国家政令畅通提供便捷的媒介工具，又能促使文化交流，促进教育繁荣。总之，造纸有益于国泰民安，政治上与“民本”的关系最密切。

---

① 《尚书·五子之歌》。

不过，在古代科技史上，像东汉朝廷那样热心支持造纸其实是罕见的个别事例。儒家本身有个特点，就是所谓“重道而轻术”。儒家因为“轻术”，甚至视科技为“奇技淫巧”而不屑一顾。不过，对儒家来说，“民本”属于“重道”的范畴。故而对于有关国计民生的应用科技，儒家多半因“轻术”而自己不参与，可是一贯容许或鼓励别家去做。像中医药，儒家除了强调职业道德修养，并不直接参与；然而，它一贯容许并鼓励阴阳五行家在中医药领域占据主宰地位与主导作用。结果，中医药在阴阳五行家的主宰下为健康事业做出巨大贡献。这在儒家看来，既是阴阳五行家的功劳，也是“民本”思想的功绩。然而问题又在于，身居“独尊”地位的儒家，为何可以理直气壮地容许阴阳五行家去主宰中医药呢？这里涉及我国传统文化的另一优点，就是不相信世界上有全知全能的学说、学派或个人。从世上不存在全知全能这种世界观出发，“独尊”后的儒家依旧知道自己既有强项，也有弱项，如中医药等。所以，儒家不以中医药为限，还在化学领域鼓励道家发挥主导作用，在工艺技术领域鼓励能工巧匠发挥创造精神，诸如此类，不一而足。可见，儒家虽然“轻术”，可是“民本”思想在科技事业中所起的作用更大、更重要。这一点，往往被人们忽略了。

总之，在家国观念与“民本”思想的双重作用下，我国古代应用技术不断进步、持续发展。大约在17世纪以前，一直处于世界领先地位。我国古代科技事业与传统文化的关系是一个大课题，本人年老体衰，才疏学浅，难以尽言，意在抛砖引玉而已。

说到这里，或许可以明白为什么要纪念蔡伦造纸。理由之一，蔡伦是东汉造纸的最终成功者，是发明造纸这个特定群体的代表。故而纪念蔡伦造纸与纪念东汉发明纸，两者并无矛盾，基本上是一回事。理由之二，东汉之所以发明造纸，蔡伦造纸之所以能获得成功，其根源又在于我国的优秀传统文化。纪念蔡伦造纸，可以具体认知我国传统文化之优异与优秀，并予以发扬光大。

最后，谈谈本书另一位作者——陈静。我在2004年所写一篇文章中，回忆当年如何为出版史搜集资料时说："我用最笨的办法去寻找资料。从《史记》《汉书》《后汉书》《三国志》《晋书》等史书，又从《论衡》《抱朴子》《世说新语》《颜氏家训》等重要著作，一本一本地找，一页一页地翻。文献中凡遇有感兴趣的资料，一并录入电脑，并不限于纸史材料。然后，将电脑中资料打印出来，供使用。……动手找资料的，除了自己，还有我学生。"① 这里所说"学生"，就是陈静。她是我搜集出

① 刘光裕《历史与文化论集·作者序言》，中国文学出版社2004年版，第2页。

版史资料过程中的唯一参与者；我撰写出版史文章，大都征求她的意见，并与她进行讨论。

刘光裕于山东大学望云斋

2022 年 2 月，时年 86 岁

目　录

论蔡伦发明“蔡侯纸”

纸张是出版业所需的基本材料。造纸术和以印刷术为代表的材料复制技术，成为印刷媒介的两大技术要素。历史上世界各国的纸，归根结底无不源自约两千年前中国汉代的发明。蔡伦，是汉代发明纸的关键人物与代表者；至今世界上造纸的基本工艺流程，仍沿用蔡伦发明的工艺路线与模式。有关这位伟大发明家的生平事迹，笔者另有专文。本文旨在讨论发明家蔡伦在怎样的社会历史条件下发明纸，探讨他最早使用的生产工艺及其不朽的历史贡献。

一、真实可靠的文献记载

记载蔡伦造纸的历史文献，可见《后汉书》卷七十八《蔡伦传》：

> 自古书契多编以竹简，其用缣帛者谓之为纸。缣贵而简重，并不便于人。伦乃造意，用树肤、麻头及敝布、鱼网以为纸。元兴元年奏上之，帝善其能，自是莫不从用焉，故天下咸称“蔡侯纸”。

据此可知蔡伦造纸成功的时间是元兴元年，即公元 105 年。当时，人们称他所造的纸为“蔡侯纸”，这是对他造纸取得伟大成就的赞美与肯定。

《后汉书》的作者范晔，生于东晋末年的公元 398 年，卒于刘宋时的公元 445 年，上距蔡伦已有三百来年。其记载的可靠性，另有《东观汉记》为证。

《东观汉记》的作者是东汉著名学者，原书自唐以后佚，现存后人辑录本。据中华书局出版的吴树平撰二十二卷本《东观汉记校注》，其第十八卷《蔡伦传》有关于造纸的如下记载：

> 黄门蔡伦，字敬仲，典作上方，造意用树皮及敝布、鱼网作纸，奏上，帝善其能，自是莫不用，天下咸称蔡侯纸也。
>
> 伦典上方，作纸，用故麻造者谓之麻纸，用木皮名榖纸，用故鱼网名网纸。

据唐人刘知幾考证，《东观汉记》中《蔡伦传》作于东汉桓帝元嘉元年，即公元 151 年，作者是著名学者崔寔、曹寿、延笃。[①] 崔寔的父亲崔瑗是历史上最早用纸抄书的东汉著名文人之一[②]；崔寔本人在《政论》中曾热情赞扬蔡伦所造弩、剑[③]；延笃是最早使用纸的另

---

① 见刘知幾《史通》卷十二《古今正史》。

② 崔瑗曾以纸抄《许子》十卷送葛龚。事见《北堂书钞》卷一百四引崔瑗《与葛元甫书》。

③ 崔寔《政论》云：“有蔡太仆之弩，及龙亭九年之剑，至今擅名天下。”按：蔡伦封长乐太仆、龙亭侯。

一位东汉著名学者[①]。可见,《东观汉记》中《蔡伦传》的作者,都是既熟悉蔡伦又最早使用“蔡侯纸”的学者。作传的元嘉元年,上距蔡伦去世只有三十年。所以,《东观汉记》所记蔡伦造纸之事,多是作者的见闻,可称当朝实录,可靠性与真实性比较强。再对照《后汉书》所记,两者意思一致。而《东观汉记》正是范晔《后汉书》的主要取材来源。

另一较早的记载,是公元3世纪的《董巴记》:

> 东京有蔡侯纸,即伦也。用故麻,名麻纸;木皮,名榖纸;用故鱼网作纸,名网纸也。[②]

《董巴记》的作者董巴,比范晔要早两个世纪。他的记载,文献价值同样比较高。不过,他的材料来源,也可能是《东观汉记》。

以上史料可证蔡伦在元兴元年发明了“蔡侯纸”。有关文献记载的真实性,几乎无可疑之处。

---

① 延笃与张奂曾以纸写信,互通消息。事见《艺文类聚》卷三十一引延笃《答张奂书》。

② 《太平御览》卷六百五引。

二、蔡伦以前有纸

首先需说明的是，在中国古代，蔡伦以前纸的概念，与蔡伦所造纸并不是一回事。详见下面有关蔡伦以前称纸的三则材料。

（一）书写文字的缣帛称纸

《后汉书·蔡伦传》记载：“自古书契多编以竹简，其用缣帛者谓之为纸。”汉代所说“书契”，指书写文字之物。这句话的字面意思是，用以书写文字的缣帛称纸。现在，有人以为凡被称为纸的都是植物纤维制品，否认“其用缣帛者谓之为纸”的真实性，这种片面认识因过于主观而难以成立。不过，若认为凡书写了文字的缣帛或用于书写文字的缣帛皆称纸，这样的理解怕与事实也有出入。譬如，《晏子春秋》卷七“著之于帛”，为何不说“著之于纸”？《越绝书》卷十三“以丹书帛”，为何不说“以丹书纸”？到汉魏，用缣帛书写，以称“素”为多，如“素书”“素诏”等；此外，也有称帛的，如“竹帛”等。唯独书写文字的缣帛称纸，具体事例文献不见，原因何在？因此笔者以为，书写文字的缣帛称纸，无疑是有的，但并非普遍现象，大概有一定范围限制。或许在一定地域范围之内适用，又或许适用于像称“幡纸”那样一类特定事物。若没有一定范围限制，道理上讲不通。

（二）幡 纸

据《初学记》卷二十一引：“古者以缣帛，依书长短，随事截之，名曰幡纸，故其字从丝。”这段记载的意思，似乎是用于书写的所有长短不一的缣帛，都称“幡纸”。古代的幡，属旗帜一类，常见于官员卤簿等，系狭长形缣帛所制，色彩不一，上面经常书写官员名号，或用来画图。在古代书写领域，地图或插图因特殊需要而经常用缣帛，书籍和书信因讲究华贵而可能用缣帛，诏令等偶尔用缣帛。如果这些用于书写的缣帛都称“幡纸”，就应说用“幡纸”写诏、抄书、作书、作图等，这样语言中的概念岂不乱套？笔者以为，“幡纸”之说当有，然而，幡既是一种特定事物，“幡纸”之称就理应限于幡或幡一类。凡书写文字的缣帛都称为“幡纸”，笔者认为不可能。

(三) 絮 纸

东汉许慎《说文解字》卷十三：“纸，絮一苫也。从糸，氏声。”又曰：“絮，敝绵也。从糸，如声。”汉代所说的“绵”，即丝绵；“敝绵”，即坏丝绵。东汉服虔《通俗文》曰：“方絮曰纸。”由絮制成的是絮纸。《说文解字》初稿完成于公元100年，于公元121年定稿，并进呈皇帝。其说，可视为蔡伦以前纸的概念。

从以上三则材料看，蔡伦以前被称作纸的物品，都是蚕丝纤维制品。前两则都是指书写文字的缣帛，絮纸是坏丝绵的制成品。根据“纸”字从糸（丝），最早的纸以蚕丝纤维制品为宜。蔡伦所造“蔡侯纸”是植物纤维制品。这是两者的重要区别。

因此，需注意古代纸的概念前后有变化，就是从最早某些蚕丝纤维制品称纸，演变到后来的植物纤维制品称纸。但是又需注意，不论何者称纸，皆以书写为其功能特征，无书写功能者不称纸，这又是前后一致的地方。“絮纸”不能书写，大概是衍生概念。

明确了古代前后两种纸的概念，再来看文献中查到的下面四则材料。它们都与蔡伦以前是否存在“纸”有关系。

第一，《广博物志》引《三辅故事》：

卫太子大鼻，武帝病，太子入省。江充曰：“上恶大鼻，当持纸蔽其鼻而入。”

卫太子是卫夫人所生太子刘据，后来为武帝所杀；江充是武帝宠臣。据考，其“持纸蔽其鼻”之事，时间当在太始四年，即公元前 93 年，早于蔡伦造纸约二百年。

第二，《汉书·外戚传》载，赵合德为毒死与汉成帝怀孕的宫女曹宫，指使人给狱中的曹宫一个小绿箧，“箧中有裹药二枚，赫蹄书……”此“赫蹄”，唐颜师古注引东汉末年应劭曰：

赫蹄，薄小纸也。

据考，赵合德以“赫蹄”裹药之事，发生在元延元年，即公元前 12 年，在蔡伦造纸之前约一百二十年。

第三，《后汉书·贾逵传》：

（汉章帝）令（贾）逵自选《公羊》严、颜诸生高才者二十人，教以《左氏》，与简纸经传各一通。

章怀注“简纸”曰：“竹简及纸也。”据考，此事发生在建初元年即公元76年，早于蔡伦造纸约三十年。

第四，唐马总《意林》引东汉末应劭《风俗通义》云：

光武车驾徙都洛阳，载素简纸经凡二千两（辆）。

事见《后汉书·儒林传》：“光武迁还洛阳，其经牒秘书载之二千余两（辆）。”其中并无纸字，与应劭所说显然有异。这条材料本身的真实性明显存在问题，可置之不论。

对于以上几则文献资料，历来存在争议。

争议之一，资料本身是否真实。

有意见认为，卫太子之事是晋人所记，“赫蹏”是“薄小纸”乃东汉末年人的解释，因此缺乏真实性。不过，上述第三则资料出自正史，很难否认其真实性。

争议之二，由于蔡伦以前纸指某些书写文字的蚕丝纤维制品，因此上述资料中的纸，与蔡伦所造纸是否是一回事，大可怀疑。

比如，宋人赵彦卫《云麓漫钞》卷七云："《赵后传》所谓'赫蹄'者，注云'薄小纸'，然其实亦缣帛。……古之纸即缣帛，字盖从糸云。"现在看来，第一、第二两则材料中的"纸"，究竟是后代哪种纸，还是某些用于书写文字的缣帛，无法判断。因此，此两则材料不能作为蔡伦以前有植物纤维纸的确切根据。

但是，第三则材料中的"纸"，不可理解为缣帛，这是最需注意的。理由容后说明。

再从考古材料看，曾被考古学者称曰"纸"，考其时间又在蔡伦所造纸以前的，请见下面数例：

第一，灞桥纸。

1957年，在陕西西安灞桥西汉古墓中，出土了大小不等的纸片数十块，麻类纤维，质地粗糙。据考，此墓不晚于汉武帝时期，所发现物品大概属于公元前140至前87年之间或之前的遗物。

第二，罗布淖尔纸。

1933 年，中国西北科学考察团在新疆罗布淖尔废墟中发现了一片麻纸，同时出土的还有汉宣帝黄龙元年的木简。因此，这片麻纸可能是黄龙元年即公元前 49 年前后的遗物。

第三，居延纸。

1973 年，考古工作者在甘肃居延肩水金关地区发现了两团麻质古纸，同时出土的还有汉宣帝甘露二年的木简。因此，此古纸可能是甘露二年即公元前 52 年前后的遗物。

第四，扶风纸。

1978 年，在陕西扶风中颜西汉古建筑遗址中发现了三张古纸，麻质纤维，据称是西汉宣帝之前的遗物。宣帝在位时间是公元前 73 至前 49 年。

第五，马圈湾纸。

1979 年，在甘肃敦煌马圈湾汉代烽燧遗址中发现了麻质古纸五件，同时有汉宣帝元康至甘露年间的简牍。因此，此古纸可能是公元前 65 至前 50 年的遗物。

以上考古发现都是西汉之物，在蔡伦之前一百至二百年。有人认为，这些发现中不能排除有后代杂入之物，如马圈湾纸。如果不考虑这方面因素，其共同特点有二：一是都无书写文字，二是都为质地粗糙的麻类纤维。文献资料表明，蔡伦以前纸的概念特征是：一是用于书写，二是蚕丝纤维制品。这些不用于书写的麻类纤维物品，不符合当时社会上纸的概念特征。今天看来，纸也以书写为其重要功能特征。基于上述考古发现，有的学者指出，由于其质地粗糙，尚不宜书写。因此，上述考古发现之物，具有纸的形状，尚不具有纸的功能，称为纸状之物，较为恰当。

综上所说，关于蔡伦以前是否存在纸的问题，可以归纳为以下三点：

第一，蔡伦以前的纸，指特定范围之内不以书写为其功能特征的某些蚕丝或麻类等纤维制品。

第二，从考古发现看，早在西汉就已存在以麻类纤维为原料而尚不具有书写功能的纸状之物。

第三，从文献资料看，除了东汉章帝建初元年赐二十学生“简纸经传各一通”，其他资料尚不能成为蔡伦以前有多种植物纤维造纸的可靠根据。

以上三点内容，对理解蔡伦发明“蔡侯纸”颇为有益。

三、“缣贵而简重，并不便于人”

汉代造纸是为了什么？为制作后来才有的纸钱或纸鸢吗？都不是。当年的唯一目的，就是书写文字。书写了文字的纸，就成为文字载体。在所有文字载体中，以纸最方便、最经济，从而使以文字为媒介的传播行为变得最方便、最经济。其他文字载体，都相形见绌，望尘莫及。这种情况，一直到电子媒介出现前，都没有改变。在近两千年中，纸成为世界上使用最广泛、最重要的媒介材料。在人类历史上，以文字为媒介的传播活动有多么重要，纸就有多么重要，这样评价毫不夸张。文献记载蔡伦发明纸的历史原因，以《后汉书·蔡伦传》所说“缣贵而简重，并不便于人”这句话最重要。由此着手，谈三个问题。

（一）社会历史背景

在蔡伦之前，中国人用简牍和缣帛作为书写材料，至少已有约一千年的历史。纸在汉代，无非是作为古老文字载体——简帛的替代用品。那么，为何需要这种替代品呢？

中国在秦汉时期实现了统一，成为疆域辽阔、人口众多的大国。从政治方面看，为了维系国家统一，不论是日常的政治活动还是突发性的军事活动，都需要在全国范围建立迅速而有效的传播网络；没有这样的传播网络，统一的国家实体很难巩固，很难长期维持下去。要建立全国范围的传播网络，首先就涉及书写材料方面的问题。从文化教育方面看，“独尊儒术”之后出现了文化教育的超常发展，促使全国各地的书写与阅读需求急剧并不断地膨胀起来。越来越多的人需要书写，需要阅读，同样必然涉及书写材料方面的问题。在这种情况下，人们终于认识到“缣贵而简重，并不便于人”是不能不解决的问题。为了摆脱“缣贵而简重”的困境，需要到简帛之外去寻求新的理想材料，这一点成为推动汉代造纸的强大社会动因。

从西汉到东汉，不论是官员还是文人，凡是使用文字与别人交流的，必有“缣贵而简重，并不便于人”的困扰。于是以“便于人”为目的，力求摆脱简帛去另觅出路，这样就逐渐走上了发明纸的道路。所谓“便于人”，是指书写、阅读、贮存、携带等方面的“便于人”，总之是使用文字的媒介传播与文化教育中的“便于人”。由此可知，汉代造纸，并不是盲目或无意识的行为，并不是碰运气；相反，它具有明确的传播目的与文化目的。以“便于人”为目的，洋溢着中华民族的人文精神，至今使人感到温馨与可亲。

汉代造纸的这种目的，是社会既定的，并不单单属于某个人，对蔡伦来说也是如此。蔡伦身在朝廷，朝廷的传播需求与文化需求最强劲，这方面的矛盾与问题最严重，所以蔡伦对“缣贵而简重，并不便于人”有非常深切的感受。将蔡伦造纸仅理解为他的个人行为是不全面的，这同时是一种社会意志和社会行为。作为造纸宗旨的“便于人”，是“便于”大家，“便于”社会，并不仅仅是“便于”个人。事实上，凡受“缣贵而简重”之苦的所有人，都盼望造纸成功。给蔡伦造纸以最大支持的不是别人，正是东汉皇帝与皇后；“蔡侯纸”问世后，天下人很快“莫不从用”；东汉朝廷有两名官员负责向有关人员供应纸。凡此都说明，东汉朝野一致支持造纸。[①] 这是蔡伦获得成功的原因之一。可见，汉代造

① 当今一种意见认为，蔡伦造纸成功以后，东汉的贵族不屑使用他发明的纸。此为曲解，详见陈静《东汉“轻视”蔡伦发明的纸吗——“贫不及素”辨》，《编辑学刊》1999年第1期。

纸是一种社会行为、一种国家行为，并不仅是蔡伦的个人行为。蔡伦的成功，既是他个人的，又是社会的与国家的。

在古代，世界上许多民族对于自己使用的文字载体，长期不进行改进，或者从没有改进。中国古人在长期使用简帛之后，对简帛产生了不满，并且以“便于人”为目的，去另觅新材料，终于取得巨大胜利。这件事本身就说明中华民族不图安于现状，充溢着奋发进取的精神。

（二）寻求怎样的理想替代品

最初造纸既然是为了寻求简帛的替代品，那么，汉代人心目中的理想替代品是怎样的呢？这个问题，今人仍可从“缣贵而简重，并不便于人”这句话，约略看出。

怎样理解“缣贵而简重”？从字面上看，这句话只指出了缣帛与简牍的缺点，而实际上，它表示两者各有优点与缺点。

对于缣帛的优点，古人从不怀疑。它具有良好的书写功能，以及易折、易卷、易携带、易贮存等优点，因而作为文字载体，它的传播性能最优是公认的。“缣贵”的原因是什么？是社会上产品总量太少。而且，缣帛首先必须满足贵族的衣着需要，因此不可能普遍用于书写，不可能成为人人使用的文字载体。从传播学观点看，“缣贵”这个缺点就是缺乏大众性。

从简牍方面看，它具有原料丰富、价格低廉、容易制作等优点，古人对此也是从不怀疑的。与缣帛相反，简牍在应用中具有大众性。然而，简牍的书写功能大不如缣帛，特别是体大笨重，造成了应用中的诸多麻烦与困难。从传播学观点看，“简重”这个缺点就是传播性能低下。

从以上分析可知，“缣贵而简重”这句话，包含缣帛与简牍两者互有优缺点的意思。在此，一方的缺点是相对于另一方的优点而言的，反之亦然。因此，任何一方如果克服了自己的缺点，就等于拥有了另一方的优点。据此推断，将缣帛与简牍两者的优点相加，既如简之廉，又如缣之轻，改用现代话说就是，既具有像缣帛那样优异的传播性能，又具有像简牍那样充分的大众性，这就是汉代人心目中的理想替代品。不难发现，汉代发明的纸，正与这个目标相符合。

如何使优异的传播性能与充分的大众性相结合，其实是媒介传播中永恒的课题，今天仍旧如此。以“便于人”为目的，追求既如简之廉又如缣之轻的文字载体，促使优异的传播性能与充分的大众性结合起来，这个理想目标与现代传播观念惊人地接近。看来，汉代人的传播观念其实很先进。

汉代寻求理想替代品，以及具有先进传播观念，对纸的发明有何意义？它可以为发明提供明确的构想，确定未来的替代品务须物美与价廉兼得，务必达到优异的传播性能与充分的大众性相结合的标准。这是异常困难的课题。然而有了这样的构想，就可以有的放矢地选择科技方法，确定工艺路线，少走弯路，事半功倍。

（三）关于麻类纤维的纸状之物

在当时，纸是世界上从没有过的新型书写材料。这种新材料，在科学上的创新意义是空前的。比如，从棉花到织成布，这仅仅是适当改变了棉花纤维的存在状态，棉花纤维本身的组织结构没有改变。而蔡伦造纸成功的关键，是按书写、存放、携带等传播应用的要求，故意改变了蕴含在原料之中的原始纤维的组织结构状态。所以，当年造纸的科学创新意义之大，远非纺纱、织布可比。蔡伦要成功地制造这种新材料，涉及的科技知识和能力，至少涵盖了植物学、化学、物理学、机械学等学科。因此对发明纸来说，仅凭上面所说社会需求的强劲推动，以及社会观念中为未来理想的纸的替代品提供明确构想是很不够的，还需要依靠前代科技成果的丰富积累，并加以充分继承和发展。

现在来谈一谈西汉以来就有的那些以麻类纤维为原料而不具有书写功能的纸状之物，对东汉造纸在技术上具有怎样的重要启发意义。

发明家在实现自己既定目标的过程中，最好是从就近事物中得到启发和联想。这些纸状之物，足以给人一个重要启示，就是麻类纤维可以形成与缣帛十分相似的薄片。从书写应用的要求看，这种薄片与缣帛有天壤之别。可是，这种性能方面的巨大缺陷一旦解决，就有可能使其成为梦寐以求的理想替代品。

麻类纤维又是中国古人最熟悉的事物。中国古代种植大麻和苎麻的历史非常早，早在先秦，麻类纤维制品就已是日常用品。如《诗经·南山》：“蓺麻如之何，衡从其亩。”《诗经·东门之池》：“东门之池，可以沤麻。”“东门之池，可以沤纻。”《诗经·蜉蝣》：“蜉蝣掘阅，麻衣如雪。”古人早已知道，麻类纤维在性能上与蚕丝纤维颇多相似。比如，蚕丝可以纺线，麻类也可以纺线；蚕丝可以织成缣帛，麻类可以织成麻布。贵族以缣帛为衣着材料，平民则以麻布为衣着材料。至于麻类纤维的加工方法，如沤麻、纺麻等，早成为家喻户晓、妇孺皆知的常识。

因此，一旦在麻类纤维纸状之物的基础上，制成以麻类纤维为原料的书写材料，这种新材料由于原料丰富，价格便宜，就有可能成为与简牍相似的廉价产品。这样一来，剩下的问题，主要就是麻类纤维制品在性能方面如何赶上缣帛了。也就是说，造纸先驱的攻关课题，如果集中到这个较小范围之内，事情就变得相当有利。在此，古人长期与麻类纤维、蚕丝纤维打交道的经验可以起一些作用；汉代在机械、化学、物理等学科中，已有可观的成果可以借鉴。所以笔者认为，这些纸状之物对发明纸有不可忽视的意义。即使如此，离蔡伦的最终成功还有很远距离。这一点到下面说明蔡伦的工艺路线时，将看得更清楚。

古代不少民族在走向文明与进步的道路上，做梦都想获得更好、更理想的书写材料。尽管如此，世界上纸的发明者，只能是汉代的中国人。东汉蔡伦最终实现了人类的这个梦想。其中之奥秘，成为人们长期思考的历史之谜。

四、“蔡侯纸”的生产工艺

既如缣之轻，又如简之廉，也就是优异的传播性能与充分的大众性相结合，以此为目标，蔡伦从原料和工艺两方面，来确立自己独特的造纸工艺路线。

从原料方面看：蔡伦用的是植物纤维，主要以废弃的麻料和树皮作原料，借此降低成本。《后汉书·蔡伦传》说：“伦乃造意，用树肤、麻头及敝布、鱼网以为纸。”其中，麻头、敝布、渔网这三种都是麻类纤维。所说麻头，是指废旧绳头或纺织的下脚料；敝布，是指麻布类的旧衣破布；渔网，是指破旧渔网，古代渔网是用麻线织成的。这三种都是麻类纤维中的废弃物。蔡伦发现，这些废弃之物其实比新的麻料更利于造纸。

树肤，就是树皮，这里指榖树皮。[①] 中国的榖树，南北各地都能生长；现在的学名是构树，古人又称楮树。榖树皮的纤维，比麻类要细得多，而且强度更高。从蔡伦开始，榖树皮成为制造优质纸的上佳原料，古人因此称纸为“楮先生”或“楮”。但是，榖树皮所含果胶和木质素比麻类要多数倍，因此加工的难度大。除了榖树皮，桑树皮也是较早用于造纸的上等原料，不过在有关蔡伦的记载中未见。由于榖树皮加工难度大，蔡伦照理应该在麻料造纸取得突破以后，才能进而用榖树皮。

从“伦乃造意”文字中可知，以麻类纤维为原料并非蔡伦创造，以废弃麻类纤维和榖树皮为原料才是他的创造。着眼于廉价的植物纤维，由麻类就可能进而联想到榖树皮或其他树皮。

从加工方面看：蔡伦针对植物纤维这种原料的特点和手工作坊的要求，以赋予产品优异性能为目的，设计自己的工艺流程。

这方面的文献记载不少。如《初学记》曰：“常侍

① 《东观汉记·蔡伦传》云：“用木皮名榖纸。”可证树皮为榖树皮。

蔡伦锉故布，捣抄作纸。”[①] 再如，《后汉书集解》引王隐《晋书》亦云：“（蔡）伦锉、捣故布，网抄作纸。”又如，西晋张华《博物志》云：“蔡伦始煮树皮以造纸。”[②] 这些较早的文献记录，内容都很接近，无矛盾而可互作补充。综合这些记载，可知蔡伦造纸的工艺流程，可以“锉”“捣”“抄”这三个动词为代表，现分别说明如下。

（一）切料与脱胶

《初学记》《古今字诂》中说的“锉”，是切断或砍碎的意思。《说文》：“锉，折伤也。”《玉篇》：“锉，斫刀也。”锉，在今天造纸工艺中就是切料。

造纸原料，特别是麻类纤维很长，若不切成细料，无法加工。破布旧衣、渔网、树皮，这些原料无不需要切碎。切料，可以切断原料中的纤维，使纤维长度符合造纸要求，既为方便脱胶，又为进一步加工。

张华《博物志》载：“蔡伦始煮树皮以造纸。”[③] 在

---

① 《初学记》卷二十一。
② 《北堂书钞》卷一百四，文渊阁《四库全书》本。
③ 同前引文渊阁《四库全书》本《北堂书钞》卷一百四。

工艺学上，“煮树皮”就是脱胶。这个“始煮”，证明蔡伦革新了造纸中的脱胶工艺，也说明他具有自觉的脱胶意识。

脱胶，至今仍是造纸的必要工艺之一。脱胶的目的，是使麻料或树皮中的果胶和木质素与造纸纤维分离开来。古代分离的方法，一般是在脱胶完成之后，到流动水中去反复漂洗。造纸纤维以纯净而不含杂质为上，因此脱胶以彻底为好。麻料的脱胶，早就是中国古人的常识。《诗经·东门之池》说：“东门之池，可以沤麻。”这个“沤麻”，就是利用生物发酵方法脱胶。用麻类纺线织布，事前必经沤麻，妇孺皆知。蔡伦用麻料造纸，脱胶时只需沿用这个沤麻的办法就行。蔡伦首创用榖树皮造纸，树皮脱胶的难度比麻料大，因此蔡伦进而发明用“煮树皮”的办法脱胶。通过“煮”的加温，可以促使原料脱胶；再经过漂洗，就能获得不含杂质的纯净造纸纤维。民间沤麻，有时加草木灰等碱性物料，以加速脱胶。蔡伦既有自觉的脱胶意识，理当沿用此法，然无记载可考。

通过切料和脱胶，以获取合格而纯净的造纸纤维，这是提高纸张性能的关键工艺之一。

(二) 舂捣纸浆

文献中一再提到，蔡伦造纸时使用了“捣”的方法。“捣”，指的是舂捣纸浆，与今天造纸行业的打浆是一样的意思。

史籍记载，蔡伦舂捣纸浆的工具是石臼。晋代庾仲雍《湘州记》：“耒阳县北有汉黄门蔡伦宅，宅西有一石臼，云是伦舂纸臼也。”[①] 石臼是汉代早有的舂米工具。汉代石臼舂米的动力，有人力、畜力、水力等。[②] 蔡伦用石臼舂捣纸浆，按理说也能利用畜力和水力。史籍中常把舂纸臼作为蔡伦造纸的标志，看来舂捣纸浆的技术，或是蔡伦首创，或是在他手里成熟起来的。这在造纸技术上是一种了不起的突破。

蔡伦舂捣纸浆，与现在造纸厂的打浆，在科技方面的原理是一样的。对于蔡伦的舂捣，造纸科技史作如此评价：

> 舂捣即机械打浆……是使纤维能相互缔结成纸

---

① 《后汉书·蔡伦传》注引。

② 桓谭《新论》：“用驴、骡、牛、马及役水而舂，其利乃且百倍。”

页的关键工序。……（舂捣以后的纤维）脱水干燥后即形成纤维交织而具有强度的纸张。鉴别出土类纸薄片是麻絮还是纸张，要看它是否经过打浆。机械打浆是造纸过程中耗费较多动力的工序，蔡伦用舂捣方法解决了这一关键而取得成功。[①]

植物纤维的切料和脱胶，属于造纸工艺的第一步。未经舂捣的纤维，经脱水干燥后不能紧密地交织起来，结果纤维松散，缺乏必要的强度。在此情况下，虽可使纤维经叠压而成薄片，成为纸状之物，然而经不起卷与折，而且渗水性强，无法下笔书写。造纸纤维不只要舂捣，还必须充分地舂捣，才能使纤维在脱水干燥之后，彼此紧密有力地交织起来。由此形成的纸页，才能表面细腻，具有必要的强度，具备适当的吸水性，适宜书写，经得起折与卷。所以，有了造纸纤维而未经充分舂捣，还不能造出合格的纸张。文献中以“捣”作为蔡伦造纸的标志，原因在此。

舂捣纸浆是蔡伦制造合格纸张和提高纸张性能的另

① 戴家璋主编《中国造纸技术简史》，中国轻工业出版社 1994 年版，第 54 页。

一关键工艺。

（三）抄纸与纸药

《初学记》与《后汉书集解》所引《晋书》，都说蔡伦“抄作纸”。这个“抄”，就是至今造纸行业仍旧沿用的名称——抄纸。这是蔡伦造纸工艺的最后一道重要工序。

抄纸所用工具是“抄纸帘”。经过充分舂捣的纤维浮悬在水中，用抄纸帘从水中抄捞纤维，纤维在帘上很快滤水，进而成为湿纸页，待干燥以后就是纸张了。据说蔡伦以前的人，用坏丝绵所造絮纸，可能已经使用了近似“抄纸帘”一类的工具。许慎《说文解字》卷十三释“纸”为“絮一苫也”。许慎所说纸，是絮纸。清人段玉裁《说文解字注》认为，“苫”，其实为“箈”，就是造纸用的竹帘子。书史专家刘国钧教授赞成段说。[①]这些意见是有益的。不过，“抄纸帘”可以是草编，也可以是竹编；或许北方多用草编，南方多用竹编。对抄纸来说，不论草编还是竹编，对“抄纸帘”的共同要求是其在水中能均匀地抄捞纤维，且能迅速地过滤帘上纤

① 刘国钧《中国书史简编》，高等教育出版社 1958 年版，第 35 页。

维的水分。那么，蔡伦是否用“抄纸帘”呢？答案是肯定的。《初学记》、《后汉书集解》所引《晋书》都说蔡伦“抄作纸”，这个“抄”一定是“抄纸帘”的抄。不用“抄纸帘”，怎说“抄作纸”？蔡伦所用“抄纸帘”，与早就有的“苫”或“箈”可能有联系，大概是经过了改进，具体情况则不可知。

在抄纸工序中，另一重要工艺是使用纸药。古代的纸药，是从某些新鲜植物中提取的一种黏滑液汁。造纸纤维经舂捣以后，成为纸浆。纸浆之中唯有加进了纸药，才可以使纤维均匀地浮悬在水中，不产生聚积沉淀现象。纸药的奇妙作用是：第一，促使“抄纸帘”抄捞的纤维在帘上分布均匀，以免纸页厚薄不均；第二，使湿纸页叠堆在一起，再经压榨脱水之后，彼此不会产生粘连现象，能够一页一页地揭开。因此，如果仅有“抄纸帘”而无纸药，就无法连续不断地抄纸。日本纸史专家山下寅次教授、秃氏祐祥教授等国外学者都认为，纸药是蔡伦发明的。[①] 此说可信。纸药的最早记载虽是

① 参见戴家璋主编《中国造纸技术简史》，中国轻工业出版社 1994 年版，第 57~58 页。

《齐民要术》，但纸药问题理应与纸在全国的推广应用问题同时得到解决。因为不用纸药，就不能解决纸坊生产的不间断性。如此生产少量纸，未尝不可；若要进行不间断的连续性生产，以满足全国之需，却是非用纸药不可，别无他法。据文献记载，自发明“蔡侯纸”后，接着就出现“莫不从用”的局面，朝廷开始为官员供应公务所需纸张①，全国文人纷纷用纸抄书写信②。要是东汉纸坊尚不使用纸药，生产数量必定有限，怎能出现天下“莫不从用”的局面呢？怎能基本满足全国之需呢？纸药问题，理应是蔡伦尚在造纸时解决的。

“抄纸帘”与纸药相配套的抄纸，为纸坊中连续不间断的手工生产，提供关键性技术。

综上所述，蔡伦造纸的工艺路线，包括原料与加工过程两部分，形成一套完整而成熟的生产工艺技术。靠这套生产工艺，他就能在作坊中生产出合格的纸张——“蔡侯纸”。其中，需要从科技上解决的重大问题主要

---

① 据《后汉书·百官志》，东汉朝廷中有守宫令与尚书右丞这两名官员负责供应纸张，守宫令：“主御纸笔墨，及尚书财用诸物及封泥”；尚书右丞：“假署印绶，及纸笔墨诸财用库藏”。

② 参见刘光裕《纸简并用考》（续二），《编辑之友》1998 年第 5 期。

有：第一，降低产品成本；第二，保证产品性能及质量；第三，在纸坊中实现连续不间断生产。诚然，蔡伦不可能不继承借鉴别人的科技成果，但是，足以解决上述问题的一套完整而成熟的生产工艺技术，在蔡伦以前并不存在。这套完整而成熟的生产工艺技术，是蔡伦自己的发明创造。

五、蔡伦的不朽贡献

评价蔡伦造纸在科技方面的贡献，不可回避的是，在蔡伦造纸成功之前约三十年，已经出现“简纸经传”这件事。东汉建初元年，著名古文经学家贾逵终于说服章帝重视《左传》。于是，《后汉书·贾逵传》记章帝表示支持如下：

> 令（贾）逵自选《公羊》严、颜诸生高才者二十人，教以《左氏》，与简纸经传各一通。

“简纸”，章怀注：“竹简及纸也。”这是公元76年之事。首先，需明确经学史上一个常识，就是两汉的经与传是分开的；况且汉代经与传各自所用简的长短并不一样，也不能合在一起。据经学史记载，晋代杜预把《春秋》经文与《左传》合一起，这是《左传》历史上首次经传合一。因此，上文所说“简纸经传各一通”，意思就是“简经”与“纸传”各一部。再具体一点说，章帝给二十位学生的《春秋》经文是用简策写的，《左传》是用纸写的。

如前所述，蔡伦以前纸的概念，是某些书写文字的缣帛。那么这一次，章帝所给“纸传”的“纸”是否可能是缣帛呢？换言之，章帝给二十位学生的《左传》是否可能是帛书呢？章帝这样做的可能性实际上并不存在，理由有下面两点。

其一，这样做违反汉代经学中重经而轻传，以及重今文而轻古文的传统观念。

在汉代的经学范围内，重经而轻传是一项普遍原则，它同样表现在经与传所用简的长短不同上。按汉简牍制度，《春秋》以及其他五经经文皆用二尺四寸简。[1]

---

① 此见孔颖达《左传·春秋序疏》引郑玄《论语序注》、贾公彦《仪礼·聘礼疏》引郑玄《论语序注》。

须知汉代用简，以长为尊；传文所用简必须比经文短，以示经重而传轻。如王充《论衡·量知》说："大者为经，小者为传记。"意思是简长者书写经文，简短者书写传记。传文所用简策的长度，与《论语》一样是八寸简。东汉末年的经学家服虔，考《左传》一简只有八个字[①]，正是汉代《左传》用八寸简的明证。因此，按照汉朝制度，章帝这次所给"简经"，其简长二尺四寸，所给《左传》若用简应该是八寸简，以示经比传重要。如果《左传》不用八寸简，反而用帛书，谁都知道帛书比简书更高贵，在朝廷官员的众目睽睽之下，章帝这样做岂不是一反传统公开表示自己重传而轻经吗？不仅如此，汉代一向重今文经学而轻古文经学。《左传》是遭排挤的古文经学，朝廷上一向存在公开反对《左传》立博士官的强大势力。这一次，在《春秋》经文已是简书的情况下，章帝所赐《左传》如果不用八寸简反而用帛书，这在当时分明就是挑起争端，故意把古文《左传》抬高到《春秋》经文之上。这种事，发生在东汉朝廷之上，发生在众多儒家学者的面前，无论如何是不可

① 据贾公彦《仪礼·聘礼疏》引。

能的。

其二，两汉皇帝对大臣所赐，按例皆是“笔札”。“札”，就是简策。

资料表明，两汉皇帝的诏策、臣民的章表，以及户籍、簿籍、礼文、律令等，概用简牍。[①] 又如，当司马相如请为《天子游猎赋》时，汉武帝“令尚书给笔札”[②]。可见，两汉朝廷所用或皇帝所赐的书写材料，按例皆为简牍，一般不用缣帛。再如东汉明帝令贾逵作《神雀颂》时，照例“敕兰台给笔札”[③]。这件事发生在永平十七年即公元 74 年，仅比“与简纸经传”早两年。这一次，贾逵学生学习所需《左传》，给的如果反而是帛书，会显得章帝处理事情轻重不分，不明常理，这无论如何是不可能的。

其实，这一次“简纸经传”中的“纸”，理当是新概念的纸。为什么经用简、传用纸？《春秋》经文用简(肯定是二尺四寸简)，表示传统不改。《左传》不用八寸简，改用纸，因为这是供学生学习之用。《左传》又

---

① 参见王国维《简牍检署考》。
② 《汉书·司马相如传》。
③ 《后汉书·贾逵传》。

是古文，而纸属不成熟的新产品。在重经轻传的汉代，这表明纸的地位不如简策，也说明纸的性能与质量尚在简策之下。

这件事说明，在蔡伦之前，汉代在造纸方面已经取得了进展。但是，纸的性能和质量，尚不如简牍。自秦以来，随着传播需求不断增长，特别是“独尊儒术”之后，文化教育长期处于超常发展状态，解决“缣贵而简重”的问题不能不成为人们的迫切愿望。到简帛之外去寻求新的理想替代品，这件事越来越被勇于冒险且富有奋发进取精神的汉代人所重视。而利用植物纤维作为新材料的试验工作，大概早在蔡伦以前就开始了。这项试验，不知经过多少人努力，不知经过多少年月，到公元76年终于取得进展。

如何评价“简纸经传”中的“纸”呢？有一点可以肯定，就是在章帝时，纸从未在社会上推广应用。文献中明确无误地记载，“蔡侯纸”发明以后，才出现天下“莫不从用”的局面，从中可以得到一个确切信息，就是在蔡伦以前，纸尚未进入实际的推广应用阶段。尚未进入的原因，是条件不具备，是造纸技术还处在不成熟阶段。靠这种不成熟的技术，还不能生产出受人欢迎的合格的纸，因而也不能形成现实的生产力。

公元 76 年出现“简纸经传”这件事，说明蔡伦像所有伟大发明家一样，都站在前人肩膀之上。若以为即便是一个钉子也必须由自己从无到有地做起，如此才有资格称为伟大发明，结果怕是什么发明也不会产生。蔡伦制造“蔡侯纸”，不可能也不需要一切都由自己从头做起；他可以而且必须吸收借鉴前代或同代的科技成果，去完成自己的发明。毫无疑问的历史事实是，“蔡侯纸”是蔡伦制造出来的；而“莫不从用”这样的事实又足以说明，纸在中国进入推广应用阶段是从“蔡侯纸”开始的。《博物志》等诸多早期文献，记载了生产“蔡侯纸”从原料到工艺过程的技术资料。当然，就这套工艺中的单项技术而言，其中有蔡伦创造的，也有借鉴或继承别人的成果。但是，制造“蔡侯纸”的成套技术，是蔡伦首创。就这套造纸技术的整体而言，在蔡伦以前不存在，是蔡伦的发明。须知制造“蔡侯纸”这种合格产品，并在作坊中形成现实生产力，进而促使“莫不从用”局面的出现，正是这套完整而成熟的工艺技术，并不是也不可能是其中任何单项技术。不管继承别人多少技术，借鉴前人多少成果，这套制造“蔡侯纸”的完整而成熟的技术发明权，不属于别人，当之无愧地属于蔡伦。

因此，蔡伦是集汉代造纸技术之大成的杰出科学家，是把中国的造纸技术从不成熟阶段提升到成熟境界的伟大发明家，他发明了完整而成熟的造纸技术。在发明纸的技术长跑中，汉代人前赴后继、不屈不挠，无数可敬的无名氏为此做出了贡献。而蔡伦走完了最后关键的一步，终于登上了光辉的顶峰。

蔡伦以后约两千年的今天，全世界都还沿用他发明的这套造纸技艺。其间最大的修改，仅仅是把手工改成机械，进而把机械操作改成自动控制等。至于造纸的基本工艺过程，还是没有离开蔡伦早在东汉就确定的路线与模式。由于蔡伦的发明创造，中国在公元 2 世纪初，就进入了推广应用纸的新时代。蔡伦所造的纸，不久后就传到东亚各国，数百年后传遍全世界。纸的使用又促使后人发明了印刷术。东汉的蔡伦，当之无愧地成了影响中国乃至世界的伟大发明家。

1999 年 4 月于山东大学望云斋

发明家蔡伦生平事迹考

在语言产生以后的人类早期传播史上，有两件革命性的大事。其一是发明文字。文字使人类开始掌握间接传播的技术，从而开创了人类传播史的新纪元。其二是发明纸。纸张，以及随着纸的使用才发明的印刷术，是电子传播技术出现以前约两千年间，人类所掌握的主要的媒介传播技术。人类借此，将以文字为媒介的间接传播作用发挥得淋漓尽致。

纸，是中国汉朝发明的；汉朝发明纸的关键人物或最大功臣是蔡伦。蔡伦集汉代造纸技术之大成，发明了制造“蔡侯纸”的成套工艺与技术，将已有的不成熟造纸技术提升为比较成熟的技术，最终解决了纸在社会上全面推广应用的问题，进而使造纸技术转化为现实生产力。纸的发明，引起了中国乃至全世界在传播媒介方面的第一次革命性变革，从而改变了中国文化的面貌，也改变了世界文化的面貌。蔡伦因此成为第一位具有世界影响力的中国古代伟大发明家。不过年代久远，有关蔡伦生平资料留下不多，且大都未经整理。本文旨在考证这位伟大发明家的生平事迹，拟先列出蔡伦生平年表，然后再说明相关的两件事。

一、生平年表

《后汉书》卷七十八《蔡伦传》是人们了解蔡伦生平的主要文献资料，然而言之过简。笔者据以本传，对参其他材料，略作疏证，列简明年表于下。

（一）永平六年（63），生于桂阳郡耒阳县（今湖南耒阳）

《后汉书·蔡伦传》：

> 蔡伦，字敬仲，桂阳人也。

桂阳是汉代郡名，郡治在郴（今湖南郴州）。《后汉书》章怀注引晋代庾仲雍《湘州记》："耒阳县北有汉黄门蔡伦宅。"查《后汉书·郡国志》，桂阳郡有耒阳县，蔡伦是桂阳郡耒阳县人。其父母及家庭其他情况，概无资料留下，不得而知。

蔡伦卒年可考，生年无记载。据南宋开国侯、洋州刺史杨从仪于绍兴二年即公元 1132 年所撰《汉龙亭侯蔡公墓碑》，称蔡伦卒于辛酉年，年五十九。辛酉年是汉安帝永宁二年即公元 121 年。据"年五十九"，可推算他大概生于公元 63 年。不过，杨碑对"年五十九"这件事，未说明根据是什么，是否可信需加考订。

蔡伦是宦官。本传称，蔡伦"以永平末始给事宫掖"，也就是"永平末"入宫做宦官。永平是汉明帝年号，自公元 58 年至 75 年。若断蔡伦生于公元 63 年，到永平最后一年，即公元 75 年，他十三岁。这个年龄，从蔡伦生平事迹中看，比较合理可信。笔者在此，有三点理由：第一，宦官入宫的年龄都较小，年龄大了是不行的。第二，本传所说"永平末"，未必一定是永平年号最后一年，蔡伦入宫为宦者的时间也可能是他十三岁以前。第三，到公元 82 年，他已奉窦皇后之命监管宋贵人，按生于公元 63 年算，已是二十岁。其时若过于年轻，难以胜此重任。据此，笔者以为，蔡伦生于公元 63 年虽未为的论，然而出入不大，可从。本文蔡伦年龄，暂以此生年推算。

（二）建初中（80 年或 81 年），为小黄门官

《后汉书·蔡伦传》：

> 建初中，为小黄门。

建初是汉章帝年号，自公元 76 至 84 年。所说“建初中”，或许是公元 80 年或 81 年，蔡伦十八岁或十九岁时。小黄门是宦官中的低级成员。据《后汉书·宦者传》，东汉自明帝开始，有“小黄门二十人”。《后汉书·百官志》：小黄门“掌侍左右，受尚书事。上在内宫，关通中外，及中宫已下众事。诸公主及王太妃等有疾苦，则使问之”。小黄门是主子左右的贴身侍从，主要为主子沟通内外，并有问候女主人之责。

（三）建初七年（82），二十岁，奉命监管宋贵人

《后汉书·清河孝王庆传》：

> （建初七年），帝遂废太子庆而立皇太子肇。……遂出（宋）贵人姊妹置丙舍，使小黄门蔡伦考实之，皆承讽旨傅致其事，乃载送暴室。二贵人同时饮药自杀。

章帝建初七年蔡伦监管宋贵人之事，系奉窦皇后之命。宋贵人姐妹二人，章帝时并为贵人。权势欲极盛的窦皇后，是东汉著名权贵窦融的曾孙女，建初三年册封为后。建初四年，操纵朝政的马太后去世，窦皇后借此机会扩大自己的势力。窦皇后要抓权，自知最大弱点是未生儿子。这时候，宋贵人姐妹中大贵人生有儿子刘庆，而且已立为太子。另外，梁贵人的儿子刘肇，则出生未久。窦皇后在建初七年，设计废黜太子刘庆，改立刘肇为太子。翌年，又诬陷梁贵人的父亲，使其获罪被杀，梁贵人忧愤而死，而太子刘肇则被窦皇后“养为己子”。章帝去世时，刘肇年仅十岁。鉴于皇帝年幼，窦

皇后由此达到临朝执政的目的。从此，她擅权朝政九年之久。[①]

窦皇后从攫取权势出发，将宋贵人视为自己的最大障碍。当废太子刘庆而改立刘肇为太子获得成功后，她又陷害致死刘庆之母宋贵人。她先与窦家兄弟密谋，“诬宋贵人挟邪媚道”[②]，将她收押于暴室。暴室，是汉朝宫廷关押有罪的皇后或嫔妃的地方。宋贵人在暴室时，“窦后讽掖庭令诬奏前事，请加验实”[③]。掖庭令是掌管暴室的宦官。窦皇后先编造宋贵人罪名，再指使掖庭令“诬奏”。在这过程中，她指使小黄门蔡伦“考实”。最后，宋贵人在暴室自杀身亡。《后汉书》记载“使小黄门蔡伦考实之，皆承讽旨傅致其事”，事情原委大致如此。

窦皇后为了攫取权势，心狠手辣，不择手段。而蔡伦作为小黄门宦官，所作所为都受主人差遣，“考实”宋贵人是奉窦皇后之命，他除了遵命，别无选择。可是，后来刘庆的儿子刘祜做了皇帝，就是安帝。汉朝以

① 事见《后汉书・皇后纪》。
② 《后汉书・皇后纪》。
③ 《后汉书・清河孝王庆传》。

孝治国，安帝要为他的祖母宋贵人之死报仇，下令查究蔡伦之责，蔡伦不得不饮药而亡。

（四）章和二年（88），二十六岁，由小黄门转中常侍

《后汉书·蔡伦传》：

及和帝即位，转中常侍，豫参帷幄。

东汉和帝就是窦皇后“养为己子”的刘肇。《后汉书·孝和帝纪》：“章和二年二月壬辰，即皇帝位，年十岁。尊皇后曰皇太后，太后临朝。”章和二年（88），和帝即位；是年，蔡伦由小黄门转中常侍。“太后临朝”，指窦太后临朝执政。据《后汉书·宦者传》，明帝以后宫中有中常侍十人。中常侍为宦官中的中级官员。据《后汉书·百官志》，中常侍“掌侍左右，从入内宫，赞导内众事，顾问应对给事”。

和帝即位后，关于蔡伦“豫参帷幄”的具体情况，没有确切资料。中常侍可与皇帝议论事务，即所谓“顾问应对给事”。本传称：“伦有才学，尽心敦慎，数犯严

颜，匡弼得失。每至休沐，辄闭门绝宾，暴体田野。”在皇帝面前，蔡伦敢于“数犯严颜，匡弼得失”，由此表现出来的行为准则与士大夫颇为一致，在宦官中罕见。从休假时“闭门绝宾，暴体田野”看，盖其博学多才之外，性格孤傲，特立独行。再从和帝方面看，他即位后在朝廷内部所做第一件大事，是在永元四年（92）铲除以大将军窦宪为首的外戚势力。窦宪是临朝执政的窦太后之兄。《后汉书·孝和帝纪》称，永元四年，“窦宪潜图弑逆。（六月）庚申，幸北宫。诏收捕宪党射声校尉郭璜，璜子侍中举，卫尉邓叠，叠弟步兵校尉磊，皆下狱死。使谒者仆射收宪大将军印绶，遣宪及弟笃、景就国，到皆自杀”。这一年，和帝年仅十四岁，即位仅有四年，羽翼未丰。他一举消灭以窦宪为首的外戚集团，所靠者主要是以郑众为首的宦官。[①] 从蔡伦“豫参帷幄”看，他或许参与其事。古人通常认为，宦官不可参与朝政。这次和帝靠郑众铲除外戚势力，其实

① 《后汉书·郑众传》：“和帝初，加位钩盾令。时窦太后秉政，后兄大将军宪等并窃威权，朝臣上下莫不附之，而众独一心王室，不事豪党，帝亲信焉。及宪兄弟图作不轨，众遂首谋诛之，以功迁大长秋。……由是常与议事。中官用权，自众始焉。”

质是宦官参政，故史称："中官用权，自（郑）众始焉。"不过，东汉宦官乱政的始作俑者并非郑众，而是和帝以后安帝时的宦官李闰、江京等人。和帝即位后宫廷势力大致分为两大派，一派是以窦太后为首的后党，另一派是以和帝、邓后为首的帝党；两派明争暗斗，矛盾颇深。郑众、蔡伦都受和帝重用；和帝死后，他们又同受邓后重用。由此看蔡伦当年与帝党较为亲近，关系密切。

（五）永元九年（97），三十五岁，"监作秘剑及诸器械"

《后汉书·蔡伦传》：

> 后加位尚方令。永元九年，监作秘剑及诸器械，莫不精工坚密，为后世法。

永元九年八月，窦太后去世，和帝开始亲政。《后汉书·百官志》记载，尚方令"掌上手工作御刀剑诸好器物"。蔡伦之"监作秘剑及诸器械"，属于尚方令职责范围。蔡伦从中常侍"加位尚方令"的时间，最迟为和帝开始亲政的永元九年（97）。

蔡伦本是聪明绝伦、富有科学头脑和发明家气质的人。本传称他监作器械“莫不精工坚密，为后世法”，说明他掌握的工艺科技居于时代顶峰，属于全国最高水平。东汉学者崔寔《政论》又有这样一段记载：

> 传曰：“工欲善其事，必先利其器。”旧时永平、建初之际，去战攻未久，朝廷留意于武备，财用优饶，主者躬亲，故官兵常牢劲精利。有蔡太仆之弩，及龙亭九年之剑，至今擅名天下。

这段话中可注意“有蔡太仆之弩，及龙亭九年之剑，至今擅名天下”。“蔡太仆”，出自蔡伦封长乐太仆；“龙亭”，出自蔡伦封龙亭侯。崔寔这些话，可作为蔡伦所造器械“莫不精工坚密，为后世法”的佐证。

崔寔之父崔瑗，与蔡伦同代而年纪稍轻，他是史籍记载中最早用纸抄书的著名文人之一。[①] 崔寔本人大约

---

① 崔瑗（78—143）曾以纸抄《许子》赠葛龚。事见《北堂书钞》卷一百四引崔瑗《与葛元甫书》。

生于公元 100 年[①]，约卒于公元 170 年，他生前“著作东观”，是《东观汉记》中《蔡伦传》的作者之一。崔寔是与蔡伦约略同时的晚辈学者，他说蔡伦所造弩、剑“至今擅名天下”是当代实录，可信度比较高。蔡伦优异的科技成就与杰出的科技才能，最初是被同时代人发现的，并获得公众认同，被誉为“擅名天下”。他作为发明家的历史地位早在东汉时期就已奠定，且是确定无疑的了。博学多才的蔡伦，在科技领域的发明创造是多方面的，而并不限于造纸。

（六）元兴元年（105），四十三岁，发明“蔡侯纸”

《后汉书·蔡伦传》：

> 自古书契多编以竹简，其用缣帛者谓之为纸。缣贵而简重，并不便于人。伦乃造意，用树肤、麻头及敝布、鱼网以为纸。元兴元年奏上之，帝善其能，自是莫不从用焉，故天下咸称“蔡侯纸”。

① 陆侃如：“寔生年无考，以生平出处推之，当生于和帝永元中（公元一〇〇年左右）。”（陆侃如《中古文学系年》，人民文学出版社 1985 年版，第 185 页）

是年，和帝病殁，殇帝立，邓后临朝。《后汉书·皇后纪上》："元兴元年，帝崩……殇帝生始百日，后乃迎立之。尊后为皇太后，太后临朝。"

是年，蔡伦奏五官中郎将何敞诈病，何敞免官。《后汉书·何敞传》："元兴元年，敞以祠庙严肃，微疾不斋，后邓皇后上太傅禹冢，敞起随百官会，伦因奏敞诈病，坐抵罪。"

在此需注意，元兴元年是蔡伦向皇帝报告造纸成功的一年。他奉和帝之命造纸，当在"典尚方"之后。他"加位尚方令"的时间，最晚是和帝开始亲政的永元九年（97）。

从"缣贵而简重，并不便于人"可以推知，东汉造纸的奋斗目标是创造一种既如缣之轻又如简之廉的新产品、新材料，借以取代以往千百年使用的简策与缣帛，从而达到"便于人"的目的。鉴于史籍中出现"蔡侯纸"这样的专称，旨在区别于其他纸品，由此可知当时社会上，除了"蔡侯纸"必定还有其他纸品。不过，"自是"二字表明，"莫不从用"者唯有"蔡伦纸"，而不是其他任何纸品。与"莫不从用""蔡侯纸"同时出现的，必为"莫不"弃用简策。这样的弃此而用彼，是因为作为新型书写材料的“蔡侯纸”的质量已经过关了。其他纸品不能“莫不从用”的原因是，虽然勉强可用，然与“蔡侯纸”相比，质量尚未完全过关。“莫不从用”“蔡侯纸”的伟大意义是，它以应用实践取得的最大成功，向世界证明东汉造纸的伟大目标已经实现了。于是公元 105 年发明“蔡侯纸”，成为中国造纸大获成功的历史性标志。

蔡伦是“蔡侯纸”的发明者或制造者，并不是东汉最早的造纸者。《后汉书》至少两次记载元兴元年以前我国已经有纸。一次是《后汉书·贾逵传》记章帝于建初元年（76）赐贾逵二十位弟子“简纸经传各一通”[①]。汉代的经文与传文是分开的，两者从未合一，故而“简纸经传”就是“简经纸传”。“纸传”的意思是传文用纸抄写。汉代规定经文用二尺四寸简，传文用八寸简。传文用简比经文短，是出于人们传统观念上的重经而轻传。那么，这次传文为何不用八寸简而改用纸？因为纸

① 《后汉书·贾逵传》：“（章帝）令（贾）逵自选《公羊》严、颜诸生高才者二十人，教以《左氏》，与简纸经传各一通。”章怀注：“简纸，竹简及纸也。”按：在汉代经籍中，经文与传文是分开的，两者从未合一。故“简纸经传”就是简经纸传，亦即经文用简，传文用纸。

是尚未正式使用的新产品，这次大概是为了让贾逵弟子试用新产品。这件事说明，东汉着手用植物纤维造纸的时间必定是在公元 76 年以前。从开始造纸到公元 76 年前后，作为新产品的纸已经达到可以试用的水平，这个成绩不小。由此看来，东汉从事造纸的时间大概很早，但究竟始于何时，难以考查。另一次是《后汉书·皇后纪上》记邓绥被册封为皇后的公元 102 年[①]，下令禁绝“方国贡献”珍丽之物，“岁时但供纸墨”。[②] 从“岁时但供纸墨”可以推知，“方国贡献”纸品与皇宫内部使用纸品的时间当在公元 102 年以前，而有能力制造“贡献”纸品的“方国”（地方郡县）不会只有一家，可能已有多家。大约从永元九年（97）开始，蔡伦在尚方令任上造纸。这时候，“方国”（地方郡县）造纸，朝廷也造纸，全国多方造纸。虽然如此，一直到元兴元年（105）以前，我国从未产生像“蔡侯纸”那种被人们“莫不从用”的优质纸品。

---

① 《后汉书·孝和帝纪》：永元十四年（102）十月，“立贵人邓氏为皇后”。

② 《后汉书·皇后纪上》：“是时，方国贡献，竞求珍丽之物，自（邓）后即位，悉令禁绝，岁时但供纸墨而已。”

可敬的造纸先驱们，最初大概只是按照既如简之廉又如缣之轻的要求，去设想一种可以用于书写、阅读的新产品。可是造纸先驱也是人，并非神仙，不能未卜先知。他们只能通过反复实践，主要是大胆试制，积累经验，增长才干。故而伟大的造纸先驱避免不了试制、失败，再试制、再失败的痛苦与艰辛。不仅如此，造纸要想成功仅靠制造一方的努力还不够。这是因为，像纸面的吸水性、着墨性以及书写性能之类问题，纸的使用者一般比制造者更清楚。故而造纸先驱必须与纸的使用者密切合作，参照使用一方的体验与意见去改进技术设计；否则，可能无的放矢，劳而无功。鉴于造纸是从无到有的首创性实践，所遇困难与挫折特别多，一帆风顺是不可能的。凡此种种因素，决定了东汉造纸不能不经历相当长的过程，时间短了肯定不行。像章帝赐贾逵弟子“简纸经传”是公元 76 年，下距蔡伦制造“蔡侯纸”的公元 105 年大约三十年，可以设想东汉造纸至迟始于公元 76 年以前。由此看造纸从开始到成功，并非仅靠一代人的努力，而是靠了两代或数代人持续不断的努力。当今学界颇有人以为，东汉造纸可以像母鸡下蛋那样一次成功，或一步达标。这种看法，把造纸先驱视为未卜先知的神仙，把发明造纸等同于变戏法一样简单方便，既与史实相悖，态度也非常不严肃。

“蔡侯纸”是东汉造纸最终大获成功的历史性标志。若把东汉造纸比作旷日持久的接力长跑，那么时任尚方令的蔡伦就代表了跑到终点的最后一棒。因为是接力长跑的最后一棒，蔡伦有条件借鉴以往造纸的丰富经验与教训，从而有幸站在前代匠人的肩膀之上。而东汉尚方令，是为皇室服务的高端制造业部门，拥有全国最优秀的各类能工巧匠。这样对蔡伦来说，他既可以集全国造纸技术之大成，又能掌握尚方令的综合性技术力量。由此形成的独特技术优势，足以使他在别人无法解决的关键技术上，实现最后的有效突破，其结果就是成功制造出“蔡侯纸”。东汉造纸旨在解决“缣贵而简重”的问题，经全国上下前赴后继的努力奋斗，到公元 105 年以“蔡侯纸”为标志，终于完成这项伟大历史任务。从历史过程看，造纸术的发明者理应是包括蔡伦在内所有造纸先驱组成的一个特殊群体。在这个特殊群体中，蔡伦以其制造“蔡侯纸”的不朽功绩，成为史所公认的关键人物，成为当之无愧的杰出代表。

（七）永初元年（107），四十五岁，封龙亭侯

《后汉书·蔡伦传》：

> 永初（原作元初，误）元年，邓太后以伦久宿卫，封为龙亭侯，邑三百户。后为长乐太仆。四年，帝以经传之文多不正定，乃选通儒谒者刘珍及博士良史诣东观，各雠校家法，令伦监典其事。

“永初”，本传原作“元初”。永初、元初，皆安帝年号，永初在前，元初随其后。安帝诏刘珍等诣东观校书的时间，据考以“永初”为是。《后汉书·孝安帝纪》载永初四年二月，“诏谒者刘珍及五经博士，校定东观五经、诸子、传记、百家艺术，整齐脱误，是正文字”。《后汉书·皇后纪上》记载刘珍等诣东观校书的时间，为永初“三年秋”之后。凡此可证诏刘珍等人校书于东观的时间当为永初四年。据此知蔡伦封龙亭侯的时间，以永初元年为是。《后汉书·蔡伦传》章怀注：“龙亭，县，故城在今洋州兴埶县东，明月池在其侧。”唐代洋州，治所在今陕西秦岭山脉中

的洋县。

106年，殇帝病殁，邓后立清河王刘庆之子刘祜为帝，是为安帝。司空周章等反对立刘祜为帝，密谋废邓太后于南宫，另立和帝之子刘胜，并拟诛车骑将军邓骘兄弟及郑众、蔡伦。后事觉，刘胜策免，周章自杀。[①]

《后汉书·蔡伦传》称“后为长乐太仆”，年份无载，不可考；职责是侍候皇太后，即邓太后。长乐太仆是宦官中的高官，阶二千石；汉太后居长乐宫，故名。

（八）永初四年（110），四十八岁，监典东观校书

本传原作“元初”四年，误，当以永初四年为是。

“东观”是东汉朝廷著名藏书处之一。刘珍于东观校书之事，史籍另记为“著作东观”。如《后汉书·张衡传》：“永初中，谒者仆射刘珍、校书郎刘騊駼等著作

① 《后汉书·周章传》：“永初元年，代魏霸为太常。其冬，代尹勤为司空。是时中常侍郑众、蔡伦等皆秉埶豫政，章数进直言。初，和帝崩，邓太后以皇子胜有痼疾，不可奉承宗庙，贪殇帝孩抱，养为己子，故立之，以胜为平原王。及殇帝崩，群臣以胜疾非痼，意咸归之，太后以前既不立，恐后为怨，乃立和帝兄清河孝王子祐，是为安帝。章以众心不附，遂密谋闭宫门，诛车骑将军邓骘兄弟及郑众、蔡伦，劫尚书，废太后于南宫，封帝为远国王，而立平原王。事觉，（胜）策免，章自杀。家无余财，诸子易衣而出，并日而食。”

东观，撰集《汉记》。”“著作东观”之事从永初四年开始，一直延续到东汉末年。《后汉书》中有关记载甚多，诸如：“（崔寔）迁大将军（梁）冀司马，与边韶、延笃等著作东观。”[①] “桓帝以博士征（延笃），拜议郎，与朱穆、边韶共著作东观。”[②] “（边韶）征拜太中大夫，著作东观。”[③] 东汉灵帝熹平年间，又有蔡邕、杨彪、卢植等最后一批名儒奉命“著作东观”。

（九）永宁二年（121），五十九岁，卒

《后汉书·蔡伦传》：

> 伦初受窦后讽旨，诬陷安帝祖母宋贵人。及（邓）太后崩，安帝始亲万机，敕使自致廷尉。伦耻受辱，乃沐浴整衣冠，饮药而死。

这一段话对蔡伦卒年与死因，皆已言明。死因留到后面再谈。其卒年，与邓太后去世是同一年。《后汉

① 《后汉书》卷五十二《崔寔传》。
② 《后汉书》卷六十四《延笃传》。
③ 《后汉书》卷八十上《边韶传》。

书·皇后纪》载邓后死于永宁二年三月。《后汉书·孝安帝纪》：永宁二年三月，“皇太后邓氏崩”。

“伦初受窦后讽旨，诬陷安帝祖母宋贵人”，此事发生在建初七年，前已说明，于此不赘。

二、蔡伦造纸与汉代尊儒

以往一般认为，儒家“重道而轻术”，故而对科技发展只有负面作用，不具正面的积极意义。可是，东汉发明造纸术与尊儒存在密不可分的因果关系，下面从两方面略作说明。

首先，尊儒后出现的全国教育大发展对书写材料的巨大需求，是推动东汉造纸的基本动因与客观基础，并为其最终获得成功提供强大内在动力。

东汉人造纸绝非无缘无故地突发奇想，那么促使人们克服重重困难从事造纸的根本原因是什么？《后汉书·蔡伦传》说是因为“缣贵而简重，并不便于人”。这话是对的，可是缣帛、简策作为书写材料已有上千年历史，“并不便于人”之事早就存在，为何到东汉就成了一个不能不解决的社会问题呢？细究其中原因，盖源于西汉“独尊儒术”。

西汉尊儒的措施之一是官府大办教育，民间也大办教育。于是，社会上读书识字的人与日俱增，必然引发对书写材料的巨大需求。西汉尊儒以前，读书识字的人很少，对书写材料的需求也很小。这时候，“缣贵而简重”的问题自然也是有的，可是由此感到“不便”的人非常之少，社会影响微不足道，无需计较，也无需关注。到了东汉，情况就不一样了。自西汉尊儒到东汉，全国教育持续发展了一二百年，东汉又拥有五六千万人口。人口众多加上教育大发展，故而对“缣贵而简重”感到“不便”的人，其数量之多盖为当时世界之最。而且，这些感到“不便”的人，又属于中国古代最具社会影响的群体——士阶层，他们要求解决“缣贵而简重”的呼声，容易被社会认同接受。于是，为了寻求“缣贵而简重”的解决之道，社会上才出现有关造纸的种种动机与想法。不论古代还是现代，客观存在的社会需求永远是推动科技发展创新的根源与动力；社会需求愈强劲，科技创新的动力愈强大。于是在强劲需求的推动下，以彻底解决“缣贵而简重”为宗旨，人们力求创造一种物美价廉的新材料、新产品以取代简帛，东汉造纸就是在这样的历史条件下必然产生的。

西汉初年社会诸子，主要是道、法、儒三家。其中，道家、法家对发展教育持消极态度，重教育者唯有儒家。儒家的礼治、德治，都要通过教育实现。西汉尊儒的基本措施之一，如公孙弘说是“劝学兴礼”，“劝学”就是大办教育。故而凡尊儒，必以教育为重，促进教育发展。西汉以来，我国教育之所以持续发展，原因盖为尊儒。要是没有尊儒，教育发展不起来，“缣贵而简重”就不至于成为众所瞩目的社会问题，东汉造纸多半无从谈起。所以从历史过程看，东汉造纸与蔡伦发明“蔡侯纸”，都是汉代尊儒的历史产物。

其次，从政治方面看，儒家“民本”思想是促使造纸获得成功的关键因素。

当年蔡伦造纸，获得两个重要人物的支持。其一是东汉和帝。蔡伦以尚方令之职造纸，乃奉和帝之命。其二是和帝死后临朝执政的邓绥皇后。她在宫廷带头用纸，对推广“蔡侯纸”的功劳最大。不过从政治角度看，造纸属于民生事务，不与军政大计直接相关。在和帝、邓后执政期间，他们都忙于西域用兵、天灾救治等诸多军政大事，因何缘故如此热衷于造纸这样的民生事务呢？这个原因就在于儒家“民本”思想。鉴于上百年儒家被妖魔化中对“民本”的怀疑与否定最多，下面不得不多说几句。

何谓“民本”？若用一句话概括就是“民惟邦本，本固邦宁”[①]。大意是“民”是国家的根本，只有“民”（人民、民众、百姓）得以安居乐业，“邦”（君权、社稷、国家）才能稳固安宁。在儒家看来，无权无势的“民”看似无足轻重，可是归根结底说，国家兴衰或王朝兴替概取决于民心、民意如何。因此，无论谁做“君”，无论君权具体模式如何，都必须为“民”缔造安居乐业的社会环境，以获取民心、民意的支持与拥护；只有这样，“邦”才能获得长治久安。“本固邦宁”的道理大致如此。“民本”的重要性在于它是儒家全部政治理论体系的基础。因为儒家推行礼治、德治、教化等，皆需以社会安定为前提；足以使社会安定者，非靠“民本”不可。对儒家来说，“民本”搞不好，其他政治事项也难以搞好。源于《尚书》的“民本”之说，孔子以后经孟子、荀子等人丰富完善，最终成为中国古

① 《尚书·五子之歌》。

典政治学中最具价值的重要理论。儒家的反对派如道家、法家，或反对礼乐，或反对德治，却从未否定“民本”。这个“民本”，是尊儒后全国各学术派别间达成的最大共识之一。

“民本”思想立论的出发点与基础是，民心、民意在国家兴衰或政权兴替中具有最终决定作用。民心、民意的这个最终决定作用作为政治学命题，在中国是由先秦儒家于两千多年前明确提出来的，在西方则要经18世纪启蒙运动，再到尼采高喊“上帝死了”之后才提出来。不过，这个政治学命题的实现途径或解决之道，中国与西方迥然不同。中国传统文化因为崇尚德治，故而实现“民本”的途径不是法权或法治，而是靠执政当局自上而下的实施推行。既为自上而下，就必须依赖政治权威，其中关键又是执政者的政治自觉与政治伦理。这样便在君权领域不可避免地产生了“忠君”以外另一个至关重要的政治观念，就是“爱民”，并迅速形成与“爱民”相应的政治伦理。作为政治学说的“民本”，是在“君”与“民”的两方关系中，针对“君”一方（执政当局）讲治理国家的基本原理与原则。这个基本原理，简单说就是，君权的长治久安必须以人民的安居乐业作为不可或缺的必要前提。由此决定治国的基本原则是，谋求并实现“君”与“民”的双赢。若非如此，“君”一方不顾“民”的利益，操弄手中权力而谋求自己一方的单赢，其结果必将危及君权自身，以致社稷不保、君王易姓。在“民本”理论看来，谋求“君”一方的单赢是一条走不通的死路，唯有双赢才是康庄大道。这样将双赢作为治国基本原则的“民本”，其哲学基础必须是也只能是“中庸”。离开“中庸”而谈双赢，无异于缘木求鱼。

当今大都否认“民本”是尊儒后政治领域的真实存在，为此不妨讲一讲史书中的《循吏传》。我国史书设《循吏传》，始于班固《汉书》，共录蜀郡太守文翁等六人。此外，还说董仲舒、公孙弘、兒宽三人“居官可纪”，又称宣帝时期“汉世良吏，于是为盛”等。《汉书》以后，《后汉书》《南史》《北史》《新唐书》等官修史书都有《循吏传》。“循吏”就是良吏。考察文翁与其他“循吏”的所作所为，有为民兴利、为民除害、除暴安良、物阜人和、政清讼平等。据此可知，凡“循吏”都是功在“爱民”者，非“爱民”有功不可称“循吏”。“民本”强调“忠君”与“爱民”两者兼得，而“民本”之特征更在“爱民”。从《汉书》开始设《循吏传》以表彰“爱民”有功之臣，足以证明尊儒令“爱民”成为汉以来良吏的必备品德，成为所有官员特别是地方官员的重要行为准则与价值取向，也说明“民本”思想在中国政治领域渐渐生根发芽。西汉尊儒以来，“民本”从《孟子》书中的生动叙述，逐渐演变为社会上一种政治信念，一种政治道德，一种真实存在的政治势力。作为政治势力，不能不经历潮起潮落的起伏过程。两汉以后，经南北朝到唐代初年，终于出现“民本”又一轮高潮。唐太宗、魏徵等一批笃信“民本”的政治家，利用隋末以后有利的社会条件践行“民本”，结果出现“民本”的历史典范——“贞观之治”。唐以后的宋明两代，并不是“民本”的断层，而是各自有所发展。

综上所说，尊儒必行“民本”；凡行“民本”，必以民生为重，以“爱民”为尚。不以民生为重的尊儒，多半是谋图私利的虚情假意而已。关注民生，遂成为尊儒的试金石。明白了这个道理，再看和帝、邓后为何支持造纸并推广用纸，就容易理解了。

东汉之尊儒，比西汉更甚。光武帝刘秀笃信儒学，凡遇水旱灾害地震等，必下诏减免赋税或重断刑狱；又带头厉行节约，“勤约之风，行于上下”[①]。刘秀之后，章帝、和帝与临朝的邓太后都以民生为重。例如邓太后在宫中，“彻乐减膳”，宫中膳费从每年两万万减至数千万；“郡国所贡，皆减其过半”。史家评曰：“自（邓）太后临朝，水旱十载，四夷外侵，盗贼内起。每闻人饥，或达旦不寐，而躬自减彻，以救灾厄，故天下复平，岁还丰穰。”[②] 可见东汉前期，因尊儒而行“民本”，坚持关注民生，盖为事实。

那么，儒家“民本”思想对蔡伦造纸有何影响？

首先，东汉造纸以解决“缣贵而简重”为宗旨，最合全国士人心意。和帝、邓后予以热心支持，旨在得民心、顺民意，归根结底又是为了巩固君权。可见，它与诏减赋税或“彻乐减膳”等一样，都是践行“民本”的题中应有之义。

其次，对蔡伦来说，有了和帝、邓后的支持，从事造纸就不会是孤军奋战，他能以国家力量为后盾，

① 《后汉书》卷七十六《循吏传》。

② 邓后事迹，皆见《后汉书·皇后纪》。

动用朝廷大批优秀科技人才去攻坚克难，又可在全国范围集思广益，由此形成无与伦比的独特技术优势，为最后突破技术难关而成功制造“蔡侯纸”奠定坚实基础。

再次，从关注民生的要求看，“蔡侯纸”诞生后能否造福民生，关键在于推广应用。若不推广应用，再好的纸对民众也不能产生实际的好处。从“蔡侯纸”方面看，它是在尚方令作坊中制造成功的，朝廷有条件也有理由将蔡伦新技术垄断在自己手里。朝廷只要实行垄断，必能获取暴利；而且做起来轻而易举，只需禁止技术外传就行。可是在儒家看来，朝廷垄断蔡伦新技术是与民争利，特别是妨碍推广应用“蔡侯纸”，阻断造福民生之路，这与“民本”之道针锋相对，背道而驰。因此，凡尊儒必不垄断，并反对垄断。事实就是如此。东汉朝廷坚持让利于民的方针，将蔡伦新技术无偿传授给民间，结果促使各地民间造纸业蓬勃发展起来。这样到东汉末年，我国中原地区文化领域用纸已经趋于普及，连远离中原的会稽地区也已有纸可用。当时的蔡伦造纸新技术，被公认为天下第一。可是，到了东汉末年，东莱（郡治在今山东省莱州市附近）一位民间造纸专家左伯，竟造出了比“蔡侯纸”更为优质的“左伯纸”。在数十年时间内，蔡伦新技术就被一位民间造纸专家全面超越。两千多年前的中国造纸技术，竟能如此迅速地更新换代。从此开始，造纸中心从朝廷转移到民间，遍布全国的民间造纸业成为中国造纸业的主体与主力，新技术、新产品层出不穷，并推动中国造纸技术不断发展进步。凡此种种，都是官府让利于民的硕果，也是“民本”政治在造纸业中创造的伟大业绩。

综合以上各方面的说明，可知东汉造纸与蔡伦发明“蔡侯纸”是通过尊儒而获得的伟大科技成果，是汉代尊儒的历史产物。

从蔡伦造纸与儒家的关系中可以发现，以为儒家的“重道而轻术”对科技发展只有负面作用的看法，值得商榷。从“轻术”层面看，儒家一般不从事天文历算以外的科技工作，故而儒家学者罕见成为科技专家或发明家。再从“重道”层面看，凡尊儒必行“民本”；行“民本”必以民生为重。由此决定只要尊儒，从改善民生出发，就不能不对日常应用科技予以重视与支持，至少不能阻挠或反对。鉴于既“重道”又“轻术”，当局的一般做法是自身不参与，不包办，不垄断，任社会各界在科技领域发挥积极性与创造性。像和帝、邓后那样亲自支持蔡伦造纸，在科技史上只是一个特例，不具代表性。儒家的“重道而轻术”对古代科技的发展进步，既有利，也有弊；利弊相较，是利大于弊。其中，对古代日常应用科技的促进作用特别突出，尤其重要。汉代以来，我国农业科技、手工业科技以及中医药等日常应用科技迅猛发展，持续繁荣，领先全世界一两千年，其中奥秘在此。

三、为何饮药而亡

蔡伦既然深得和帝与邓后信任，又为何饮药而亡呢？

当年，邓后立刘祜为安帝，而刘祜的父亲就是被窦太后废黜的太子刘庆。废黜后的刘庆改封清河王直至去世。刘庆与和帝刘肇，本是异母兄弟。二人虽然一人被黜，一人为帝，然而他们依旧情深意笃。史称和帝“待庆尤渥，诸王莫得为比，常共议私事”[①]。和帝与邓后没有儿子，和帝又喜欢刘庆的儿子刘祜，故而诸王就国

① 《后汉书·清河孝王庆传》。

时，邓后故意把刘庆的儿子刘祜留在自己身边。后来，和帝去世，接着殇帝早逝，于是邓后便立刘祜为帝，就是安帝。在如此错综复杂的皇权更替中，这一举动无意间把无辜的蔡伦推进了死亡的深渊。

当年，被窦后陷害致死的宋贵人是刘庆的母亲，安帝刘祜的祖母。宋贵人被害经过，以及小黄门蔡伦奉窦后之命参与其事，早已众所周知。对刘庆来说，丧母之痛令他耿耿于怀，“以为没齿之恨”。和帝在位时听从刘庆的请求，基本恢复宋贵人的名誉，受株连的宋贵人兄弟皆封郎官在朝。[①] 刘祜做了皇帝后，碍于邓后执政，自己为邓后所立，蔡伦是邓后亲信，不便对蔡伦下手而为祖母报仇。邓后去世后，安帝刘祜开始亲政，马上就向蔡伦开刀。《后汉书》蔡伦本传称：“及太后崩，安帝始亲万机，敕使自致廷尉。”事情发展到这一步，蔡伦面前只有死路一条。

汉代宦官，一般无法逃脱宫廷残酷的权力斗争。在宋贵人案中，蔡伦不过是窦后手中利用的一个小卒，或

① 《后汉书·清河孝王庆传》：“诏宋氏悉归京师，除庆舅衍、俊、盖、暹等皆为郎。”

者连小卒也不如。窦后作的孽，要当时的小黄门蔡伦来承担，道理上讲不通。可是，刘祜是皇帝，皇帝能一手遮天，蔡伦无可奈何。蔡伦一生业绩，比如为皇家制作弩、剑，以及制作“蔡侯纸”等，功高盖世。虽然如此，这位天才发明家如今有理不能说，有功不能言。安帝令他到廷尉那里去自首，等于宣布死罪，他无法违抗，也无力违抗。

一位造福中国、造福人类的伟大发明家，就这样悄无声息地陨落了。《后汉书》蔡伦本传说：

> 伦耻受辱，乃沐浴整衣冠，饮药而死。

看来蔡伦并不怕死，但耻于受侮辱，为了维护人格与尊严，宁愿自杀。他在“饮药”之前，先沐浴完毕，再把官服穿好，把帽子戴好（古人的帽子也是自己身份的标志，不可不戴好）。《后汉书》寥寥数语，把蔡伦之死写得从容洒脱，悲壮之情，溢于言表。

1999年4月于山东大学望云斋

又于2018年7月修改

以纸代简考[①]

——纸早期应用史

前　言

在正文之前，先说三件事，算是开场白。

第一件事。在纸之前，中国古人使用的书写材料是“竹帛”，所谓“书于竹帛”。竹，指简牍；帛，指缣帛。东汉蔡伦造纸成功以后，出现的并不是以纸代帛，而是以纸代简。这是为什么？

① 本文原名《纸简并用考》，1998 年在《编辑之友》连载四期，全文连载未完。这次所刊是全文，刊出前有修改，更为今名。

在上千年竹帛时期，人们日常应用的书写材料其实是简牍，从来不是缣帛。竹帛虽然有时并称，但竹与帛在实际应用中的地位并非旗鼓相当。汉代皇帝的诏策、百官的章表，这些重要公文都用简牍，一般不用缣帛；其中策书，到唐代仍沿用简策。汉代规定，经籍用二尺四寸简抄五经经文，一尺二寸简抄《孝经》，八寸简抄《论语》和传记，子书与个人著作用简为一尺[①]，却不见规定用帛如何。其中原因就在于汉代篇籍以简书为常规，一般情况不用帛书。汉代帛书比先秦多，这是没有疑问的。然而，汉代日常应用的书籍仍旧是简书，并非帛书，这也是没有疑问的。缣帛的首选用途是贵族生活资料，有时还具有货币等价物的职能，而缣帛的社会供给总量是有限的，不能无限制地扩大应用。书写应用材料属于大宗用品，需求量很大。从社会方面看，缣帛用于书写，必须以不引起供求紧张为前提。缣帛供求紧张，势必影响贵族生活，进而影响社会稳定，故而全社会普遍推广用缣帛于书写是不可能的事。自先秦至汉，

① 详见刘光裕《汉代制作简书与帛书》，载刘光裕《先秦两汉出版史论》，齐鲁书社 2016 年版，第 421 页。

缣帛从来没有成为全社会日常应用的书写材料。就书写性能而言，无疑以缣帛为最上乘，纸很难完全赶上它。而且，缣帛的外观具有珍贵、华丽、豪华等特殊含义，为纸所不及。凭借优越的书写性能与华贵的外观，缣帛最适宜用于某些特殊需要的场合，纸以前是如此，纸普及之后仍然如此。

汉代人造纸，目的是取代简牍，使纸成为人们日常应用的书写材料。东汉蔡伦造纸获得成功以后，中国社会上很快出现了以纸代简的热潮。西晋傅咸《纸赋》说“造纸以当策”，意思就是以纸代简。南齐萧子良说：“汉兴，有纸代简。和帝时，蔡伦工为之。”[①] 唐代张怀瓘说：“汉兴，用纸代简。至和帝时，蔡伦工为之。”[②] 古人早就认为，蔡伦以后中国社会上出现的是以纸代简。于是，笔者作《以纸代简考》。

第二件事。本文旨在考察中国古代纸在早期推广应用的具体过程，所用方法要点有三。其一，就地域而言，以中原地区为基础，适当考虑边远地区；其二，就

① 《佩文斋书画谱》卷二十二“左伯”条。

② 张怀瓘《书断》“左伯”条。

资料而言，以文献资料为主，考古资料为辅；其三，就具体内容而言，将文化领域与政务领域的推广应用区分开来，分别考察两者。

中国古代地域辽阔，在全国推广用纸，无法齐头并进，时间上必定有先有后。中国纸的发源地在中原，从地域上看，以纸代简的过程，必定是率先在中原地区扩散造纸术，推广用纸，然后向中原以外的地方扩散，最后推广到边远地区。有些边远地区，很晚还没有纸。《北史》卷九十六记今天四川、甘肃一带少数民族宕昌羌与党项羌连文字也没有，自然尚未用纸。若以宕昌羌、党项羌为依据，岂不认为南北朝时中国尚未用纸？中原地区人口众多，当时是全国政治中心，也是全国文化中心。在中原地区推广用纸，足以影响全局，最具关键意义。考察以纸代简，当以中原地区为基础，适当考虑边疆地区。中原地区实现以纸代简，大体可以代表全中国。

从全国范围看，推广用纸的时间不能不有先有后。再者，这是一千八九百年前的事情，当时使用的纸几乎都不能保存到今天，相反简牍倒较有可能保存到今天。因此，考察早期纸的推广应用，只能主要根据文献资料，适当参证考古资料。若根据个别地方（一般在当时是偏远地区）考古发现的纸或简，去判断当时全国推广应用的情况，难免以偏概全，以个别代替一般，有违历史事实。诚然，对历史研究来说考古资料是必须重视的，可是，研究纸的早期生产与应用，尽量从文献中查找资料与线索这一点尤其重要。自蔡伦发明“蔡侯纸”以后，文献中留存早期纸史资料实在太少。文献资料匮乏，笔者为找资料不得不耗费数年时间，至今不能尽如人意，告一段落而已。

考察纸的早期应用，文化领域与政务领域不宜混在一起，两者分开考察更为有益。笔者在查找资料过程中逐渐发现，文化领域与政务领域的以纸代简，步调上并不一致，时间上有先有后，总体来看，文化领域推广用纸要快一些。文化领域的用纸事项，主要是写信、抄书、书法等。东汉官府在笺记等非重要公文与非公文事项中推广用纸的时间最早，在全国以纸代简中起了带头作用。可是，官府重要公文如诏策、章表等迟迟不能以纸代简，其中策书到唐代仍用简策。因此，要将文化用纸与政务用纸区分开来考察，再在这两个领域中区别具体事项，分别说明以纸代简的过程。这样，可以避免笼而统之一锅煮，容易接近历史真实。

第三件事。纸本身具有诸多特殊作用。本文仅考察以纸代简的具体过程，不涉及纸在推广应用中随之产生的诸多特殊作用。

纸为何具有诸多特殊作用？因为纸是文字载体，可以书写文字，人们将纸作为书籍材料，就能制成纸书。纸书可以用于传播各种信息，是一种媒介工具。所说纸具有诸多特殊作用，主要指纸书作为媒介工具的种种作用。在世界古代史上，各国使用不同材料制成不同的书籍，例如中国的简书与纸书、埃及的莎草纸书、欧洲的小羊皮书、印度的桦树皮书与贝叶书等。这些不同书籍作为媒介工具的作用有大有小，彼此并不相同，其中以中国东汉发明的纸书效率最高，作用最大。我国古代以书代简的过程，其实就是作为先进媒介工具的纸书取代不那么先进的媒介工具简书的过程，由此产生的社会影响，几乎涉及文化领域所有方面，也涉及政治、经济以及人们的日常生活。所以，以纸代简不是历史上一件无足轻重的小事，它对书籍史、传播史、文化史、教育史、社会史、政治史等都有影响。这些影响都很重要，然而不在本文任务之内。

一、蔡伦与造纸

在中国古代，纸的全面推广应用是从蔡伦造纸获得成功以后才开始的。蔡伦所造纸时称“蔡侯纸”。“蔡侯纸”是当时诸多纸品中技术水平最高、质量最优的上等纸品，深受全国欢迎，很快出现天下“莫不从用”的火爆景象。蔡伦因为发明制造“蔡侯纸”的成套工艺与技术，成为中国古代第一位具有世界影响的伟大发明家，泽惠人类，名垂不朽。自从有了“蔡侯纸”，中国跨入了全面推广应用纸的新阶段。以纸代简之事，不能不从蔡伦造纸讲起。

（一）蔡伦造纸成功以前中国已经有纸

关于蔡伦造纸获得成功以前是否有纸，当今学术界存在分歧。本文重在考证以纸代简的具体过程，对此仅作简要说明。

先要说明的是，大致以蔡伦造纸成功为分界线，纸的概念、含义逐渐出现重要变化。在此之前，纸指以书写为基本功能的某些蚕丝制品；在此之后，纸指以书写为基本功能的植物纤维制品。汉代纸的概念有此变化，今天必须注意。

蔡伦造纸成功之前，用以书写文字的缣帛称为纸。《后汉书·蔡伦传》："自古书契多编以竹简，其用缣帛者谓之为纸。""用缣帛者谓之为纸"，幡纸便是。

有关幡纸的资料，最早见于《初学记》卷二十一："古者以缣帛，依书长短，随事截之，名曰幡纸，故其字从丝。"古代的幡，是狭长形的丝织品，色彩不一，用于官员出行时的卤簿仪仗等。晋崔豹《古今注》："信幡，古之徽号也。所以题表官号，以为符信，故谓信幡。乘舆则画为白虎，取其义而有威信之德也。魏朝有青龙幡、朱鸟幡、玄武幡、白虎幡、黄龙幡五，以诏四方。……信幡用鸟书，取其飞腾轻疾也。"[①] 魏朝，即三国曹魏；鸟书，即《说文解字·序》所说秦书八体之一的"虫书"。徐锴注虫书"即鸟书，以书幡信"。幡是古代官员常用之物。在幡或旗上画图写字，是西周就有的传统。如《周礼·司勋》："凡有功者，铭书于王之大常。"大常，天子之旗。周代大小官员都有旗帜，

---

① 崔豹《古今注》，辽宁教育出版社 1998 年版，第 2 页。

旗帜上都写字画图。幡所用缣帛可以称为幡纸，这与“其用缣帛者谓之为纸”相符。但是，幡纸之称，大概仅限于幡或幡一类。缣帛除了用于幡，另可写信，可作诏，可抄书，却不可称用幡纸写信、作诏、抄书。所以，并非所有书写文字的缣帛都称幡纸。

幡纸外，又有絮纸，指用坏丝绵制成的纸。《说文解字》卷十三：“纸，絮一苫也。从糸，氏声。”又曰：“絮，敝绵也。从糸，如声。”汉代所说的“绵”，为丝绵；“敝绵”，即坏丝绵。东汉服虔《通俗文》：“方絮曰纸。”此与《说文解字》所说基本一致。《说文解字》一书初稿完成于东汉和帝永元十二年，即公元 100 年，其说可以视为蔡伦造纸成功以前纸的概念。

总之，蔡伦造纸成功以前，纸指以书写为其基本功能的某些蚕丝纤维制品。絮纸不利于书写，大概是衍生概念。

蔡伦造纸获得成功的前后，纸的概念逐渐从某些蚕丝纤维制品演变到植物纤维制品。凡称纸的物品，都以书写为其基本功能，这又是前后一致之处。

本书所说蔡伦造纸获得成功以前有纸，是指以书写为基本功能的植物纤维制品，不包括蚕丝纤维制品。

20世纪考古发现的纸或纸状之物，时间属于蔡伦以前者举例如下。

第一，灞桥纸。

1957年，在陕西西安灞桥古墓中出土了大小不等的纸片数十块，麻类纤维，质地粗糙。此墓不晚于西汉武帝，据称是公元前140至前87年之间或之前的遗物。

第二，扶风纸。

1978年，在陕西扶风中颜西汉古建筑遗址中发现了三张古纸，麻质纤维，据称属于西汉宣帝之前的物品。宣帝在位时间为公元前73至前49年。

第三，马圈湾纸。

1979年，在甘肃敦煌马圈湾汉代烽燧遗址中发现了麻质古纸五件，同时有汉宣帝元康至甘露年间的简牍。因此，此纸可能是公元前65至前50年的物品。

第四，居延纸。

1973年，考古队在甘肃居延肩水金关地区发现了两团麻质古纸，同时出土的还有汉宣帝甘露二年（前52）的木简。因此，此古纸可能是公元前52年前后的物品。

第五，罗布淖尔纸。

1933年，中国西北科学考察团在新疆罗布淖尔废墟中发现了一片麻纸，同时出土的还有汉宣帝黄龙元年（前49）的木简。因此，这片麻纸可能是公元前49年前后的物品。

以上考古发现不能不予以重视。它们都是西汉之物，在蔡伦造纸成功之前一百至二百年。不过，学术界对此存有异议。一是文物出土过程是否严格遵循考古发掘科学规则。有人认为灞桥纸发现时土层已经混乱，因而无法准确断定遗物年代。二是如何排除后代杂入之物，如马圈湾纸。这类争议看来一时难以结束。不过，笔者认为文献资料仍可证明蔡伦以前有纸。

文献中可以找到蔡伦造纸成功以前有关纸的五则资料。

第一，清代张澍辑《三辅故事》："卫太子大鼻，武帝病，太子入省。江充曰：'上恶大鼻，当持纸蔽其鼻而入。'"

卫太子，卫夫人所生刘据，后为武帝所杀。江充，武帝宠臣。据考，"持纸蔽其鼻"之事发生在太始四年（前93），下距蔡伦于公元105年造纸成功约二百年。

第二，《汉书·外戚传》载，赵合德为毒死与汉成帝怀孕的宫女曹宫，指使人给狱中的曹宫一个小绿箧，

“箧中有裹药二枚，赫蹄书……”“赫蹄”，唐颜师古注引东汉应劭曰：“赫蹄，薄小纸也。”

据考，赵合德以“赫蹄”裹药之事，发生在元延元年（前12），在蔡伦造纸成功前约一百二十年。

以上两则资料中所说的纸，无法确切判断是蚕丝纤维制品还是植物纤维制品。如宋人赵彦卫《云麓漫钞》卷七：“《赵后传》所谓‘赫蹄’者，注云‘薄小纸’，然其实亦缣帛。……古之纸即缣帛，字盖从糸云。”

第三，唐马总《意林》引东汉末年应劭《风俗通义》：“光武车驾徙都洛阳，载素简纸经凡二千两（辆）。”

同一记载见于《后汉书·儒林传》：“光武迁还洛阳，其经牒秘书载之二千余两（辆）。”《后汉书》所记没有纸字，与应劭所说不同。《风俗通义》材料的真实性存在明显问题，暂可置之不论。

第四，《后汉书·贾逵传》：“（章帝）令（贾）逵自选《公羊》严、颜诸生高才者二十人，教以《左氏》，与简纸经传各一通。”章怀注“简纸”曰“竹简及纸也”。

据考，此事发生在建初元年即公元76年，在蔡伦于公元 105 年造纸成功之前约三十年。

第五，《后汉书·皇后纪》："是时，方国贡献，竞求珍丽之物，自（邓）后即位，悉令禁绝，岁时但供纸墨而已。"

邓后，即和帝皇后邓绥（81—121）。邓后即位后"岁时但供纸墨"，可见她即位时已经有纸。邓后即位时间是永元十四年即公元 102 年，在蔡伦造纸成功前三年。

在上面所列五则文献资料中，第四、第五两则足以证明蔡伦造纸成功之前中国已经有纸。下面，着重分析章帝赐贾逵学生"简纸经传各一通"。

贾逵（30—101），东汉著名经学家，擅长《左传》。"简纸经传各一通"：经，即《春秋》经文；传，指《左传》；一通，即一部。在两汉经籍中，所有经文都与传文分开，两者不合在一起。据经学史的研究成果，晋代杜预把《春秋》经文与《左传》合在一起，这是《左传》历史上第一次经传合一。所以，章帝"与简纸经传各一通"的意思，就是赐二十位学生"简经"与"纸传"各一部。再具体一点说，赐学生的《春秋》经文是用简策写的，《左传》是用纸写的。不过，蔡伦以前纸的概念指以书写为基本功能的某些蚕丝纤维制品。这次章帝所赐“纸传”的“纸”，是否可能是缣帛呢？这种可能性其实不存在，理由有两点。

其一，这样做违反汉代经学中重经而轻传，以及重今文而轻古文的传统。

重经而轻传，是汉代经学的一般原则。汉代用简，有以长为尊的习尚。东汉王充说：“大者为经，小者为传记。”[①] 意思是简策长者写经文，短者写传记。具体说，五经经文简长二尺四寸，传记文字只用八寸简。[②] 所以东汉经学家服虔，考《左传》一简只写八个字。[③] 如此做法，就是以简的长短不同，表示经重而传轻。这一次，章帝赐学生“简经”，按汉代规定需用二尺四寸简。章帝赐学生的《左传》若用简的话，按规定只能用八寸简，以表示经重而传轻。如果《左传》不用八寸简，反而用缣帛，由于帛书比简书更高贵，岂不表示经轻而传重了么？如此违反常理，是不可能有的事。不仅

① 《论衡·量知》。

② 参见孔颖达《左传·春秋序疏》引郑玄《论语序注》，以及贾公彦《仪礼·聘礼疏》引郑玄《论语序注》。

③ 据贾公彦《仪礼·聘礼疏》引。

如此，汉代经学重今文而轻古文。《左传》属古文经学，朝廷上一向有反对《左传》立博士官的强大势力。这一次，章帝赐学生的《左传》如果用缣帛，就把古文《左传》抬高到《春秋》经文之上，这可以说是故意在朝廷上挑起争端。如此违反常理，又是不可能有的事。

其二，两汉皇帝赐大臣，按例是“笔札”。“札”，就是简策。

资料表明，两汉皇帝的诏策、臣民的章表，以及户籍、簿籍、礼文、律令等，一概用简牍。[①] 汉武帝时，司马相如“请为天子游猎赋”，“上许，令尚书给笔札”。[②] 两汉朝廷使用的书写材料，按常例是简牍，并非缣帛。东汉明帝令贾逵作《神雀颂》时，按例“敕兰台给笔札”[③]。这件事发生在永平十七年（74），仅比“与简纸经传各一通”早两年。两年前，明帝赐贾逵“笔札”。两年后，章帝赐贾逵学生的《左传》反而是帛书，如此轻重不分，违反常理，无论如何是不可能的事。

① 参见王国维《简牍检署考》。
② 《史记》卷一百一十七《司马相如列传》。
③ 《后汉书》卷三十六《贾逵传》。

由此看来，这一次“简纸经传”中的“纸”，理当是新概念的纸，也就是植物纤维的纸。为什么经文用简、传文用纸？经文用二尺四寸简，表示传统不改。《左传》不用八寸简，改用纸，原因是纸在当时是尚不成熟的新产品，有供学生试用的意图。在重经而轻传、重今文而轻古文的汉代，这样做是各方面都能接受的，并无不妥之处。

公元 76 年，东汉皇帝赐贾逵学生“简纸经传各一通”，这是中国造纸史上一个重大事件。它说明一种新型书写材料——纸已经进入公开试用的阶段，说明东汉造纸取得了重大进展。因此，二十六年之后邓皇后即位之时，才有“岁时但供纸墨”之事。汉代最早试验造纸的时间，肯定是在公元 76 年之前。

（二）汉代造纸具有自觉而明确的目的

汉代造纸是出于什么样的目的？《后汉书·蔡伦传》说：“缣贵而简重，并不便于人。”“不便于人”的意思是什么？是指在以文字为媒介的传播活动中，使用简牍或缣帛给人们带来了诸多麻烦与困难。例如，秦始皇处理公文有“衡石量书”[①] 之说，他每天阅读表笺奏请的简牍，重量达一石，可谓不堪重负。又如汉武帝时，东方朔“公车上书，凡用三千奏牍。公车令两人共持举其书，仅然能胜之”[②]。如果一牍写三十字，三千奏牍为九万字。九万字奏牍两个人勉强抬得起来，可知不轻。国家统一之后，疆域辽阔，西汉设郡一百零三个，设县一千三百一十四个。按郡县制，全国所有郡和县都由朝廷直接管辖。因此，公文与信函必然频繁来往于全国郡县与京城之间，数量很大，路途遥远；而公文与信函都是简牍，造成的麻烦特别大。再从文教方面看，独尊儒术之后国家教育持续超常发展。西汉末年太学生有三千人，东汉顺帝时太学生增至三万人，全国私学中学生数量更多。全国读书人数量空前增加，他们要学习，要写信，要收藏书籍，还要著书作文。由此产生的强劲文化需求，大都与书写材料的不方便产生严重矛盾。凡此种种，都可以了解“缣贵而简重，并不便于人”的真正含义。

① 《史记》卷六《秦始皇本纪》。
② 《史记》卷一百二十六《滑稽列传》。

从“缣贵而简重，并不便于人”看，汉代发明造纸的自觉目的就是“便于人”。具体一点说，是书写的“便于人”，阅读的“便于人”，公文或书信在全国范围来往传递的“便于人”，利用篇籍从事传播与交流的“便于人”。总之，是所有以文字为媒介的传播活动的“便于人”。其中没有宗教目的，也没有其他神秘性动机。汉代造纸以方便天下民生为唯一目的，集中表现了中国传统文化中根深蒂固的人文精神，由此产生的强大推动力，成为汉代发明纸与蔡伦造纸大获成功之不可或缺的重要因素。

（三）汉朝官府在造纸中起主导作用

“缣贵而简重”所导致的种种麻烦与不便，几乎都集中到官府以及与官府关系密切的士大夫身上。于是以“便于人”为目的，努力寻求一种可以取代简牍的新型书写材料，其最终结果就是发明了纸。

汉代造纸是为了创造人世间从没有过的一种新型书写材料，因以“便于人”为目的，故而容易获得人们的理解与支持，足以聚集人气，集思广益。可是，所遇困难毕竟太大，无法一步到位，无法一蹴而就，要靠不屈不挠的坚定意志，前赴后继，一步一步走向成功。在走向成功的过程中，汉朝官府起了主导作用。

首先，早在公元 76 年以前，东汉官府已经着手探求一种可以取代简牍的新型书写材料。

《后汉书》记公元 76 年章帝赐贾逵学生“简纸经传各一通”之事，表明朝廷在此以前已经着手探求一种可以取代简牍的新型书写材料。这项工作究竟始于何时，难以查清，然而到公元 76 年，纸作为简牍的替代品已经进入公开试用的阶段，探求新型书写材料的工作已取得实质性进展。试用的目的是改进造纸技术，以臻于完善。再据《后汉书·皇后纪》称：“是时，方国贡献，竞求珍丽之物，自（邓）后即位，悉令禁绝，岁时但供纸墨而已。”既然“纸”已经成为“方国”（郡县）的贡品，可以推知到邓后即位的公元 102 年前后，东汉有能力造纸的“方国”，不可能只是一个，必有数个。邓后下令“岁时但供纸墨”，则代表统治者对各地造纸的肯定与鼓励。以上两件事，表明东汉官府将造纸作为国家大事长期给予切实有力的提倡与支持，也说明蔡伦造纸并不是从头做起，也不是孤军奋战。蔡伦面临的历史任务是在已有成就的基础上，解决最具关键意义的技术问题，实现造纸技术的最后突破。可见，发明“蔡侯纸”的蔡伦与世界上其他伟大发明家一样，也是站在前代巨人的肩膀之上的。

其次，蔡伦是奉命造纸。

蔡伦造纸时的官职是尚方令。汉尚方令，六百石，“掌上手工作御刀剑诸好器物”[①]。尚方令是为皇帝制作刀剑等精湛器物的专职官员。别的官员造纸未必是奉皇帝之命，而尚方令造纸必定是奉皇帝之命。蔡伦任尚方令的时间，至迟是和帝亲政的永元九年即公元97年。[②]大概从公元97年开始，蔡伦奉命造纸。“元兴元年奏上之，帝善其能，自是莫不从用焉，故天下咸称‘蔡侯纸’。”[③]“蔡侯纸”，指用蔡伦新技术所造纸。元兴元年（105），是蔡伦造纸大获成功的一年，也是东汉造纸经过前赴后继的艰难历程之后，终于大获成功的一年。“帝善其能”，是当权者对蔡伦造纸获得成功的最大肯定与鼓励。

---

① 《后汉书·百官志三》。

② 《后汉书》卷七十八《蔡伦传》：“后加位尚方令。永元九年，监作秘剑及诸器械，莫不精工坚密，为后世法。”

③ 《后汉书》卷七十八《蔡伦传》。

尚方令蔡伦奉命造纸，所以造纸就不仅是蔡伦个人的行为，更是一种社会行为与国家行为，因此蔡伦可以利用国家的科技力量为造纸服务。西汉以来，中国科技早已呈现蓬勃发展的景象。尚方是皇家的高科技部门（另一科技部门是考工），拥有为皇帝制作精湛器物的手工作坊，聚集了全国最优秀的各类能工巧匠，这些技术专家都可以成为蔡伦所需技术力量。蔡伦造纸因有朝廷支持，故能以国家科技力量作为坚强后盾，为最后攻克关键技术提供先进技能与集体智慧，这是蔡伦独自拥有的特殊有利条件。蔡伦造纸的成功，既属于他个人，又属于东汉王朝，属于中华民族。

再次，东汉朝廷带头使用纸。

邓皇后在和帝死后执掌朝政达十六年。她重视文教，酷爱纸墨，规定“岁时但供纸墨”，对纸的早期推广应用具有重要作用。据《后汉书》记载，东汉朝廷有两个官员负责供应纸张。其一，守宫令，“主御纸笔墨，及尚书财用诸物及封泥”。皇宫内部所需纸张及笔墨，由守宫令负责供应。其二，尚书右丞，“假署印绶，及纸笔墨诸财用库藏”。尚书右丞是尚书令下属官员，朝廷百官所需纸及笔墨，由尚书右丞负责供应。[①] 《后汉书》记守宫令、尚书右丞分别负责供应宫廷与百官所需纸笔墨，可以证明东汉当局对于推广用纸持有非常积极的态度。据笔者考证，东汉唐溪典给延笃“废笺记”抄《左传》的时间是公元 120 年前后，由此推测笺记在此以前已不用简策而用纸。到东汉末年，朝廷除了重要公文如诏策与章表等，其他都不再用简牍，比较广泛地实现了以纸代简。

（四）发明家蔡伦的伟大贡献

从现有资料看，当年汉朝造纸，从着手探寻简帛的替代用品，到造出最初的纸，再到文化领域推广应用，其间经历了相当长的过程。发明造纸术在技术上远比纺纱或打铁之类复杂得多，最终获得成功除了要有不屈不挠的坚定意志，还要靠先进的科技与智慧，靠杰出的创造能力。

蔡伦为人正直，生性孤傲，聪明有才学，富于发明家气质。《后汉书·蔡伦传》记载：“伦有才学，尽心

① 守宫令与尚书右丞职掌事务，见《后汉书·百官志三》。

敦慎，数犯严颜，匡弼得失。每至休沐，辄闭门绝宾，暴体田野。”又记载：“永元九年，监作秘剑及诸器械，莫不精工坚密，为后世法。”东汉崔寔《政论》也记载：“蔡太仆之弩，及龙亭九年之剑，至今擅名天下。”蔡太仆，蔡伦曾任长乐太仆；龙亭，蔡伦曾封龙亭侯。《后汉书》说“为后世法”，崔寔说“至今擅名天下”，可以证明当时人们十分佩服蔡伦的制作技术。发明家蔡伦的科技才能是多方面的，不限于造纸。蔡伦多方面的科技才能，成为造纸获得成功的一个重要条件。

汉代造纸之事究竟始于何时，难以考定；可以肯定的一点是，蔡伦以前早已有人从事造纸，蔡伦不是最早造纸之人。《东观汉记·蔡伦传》记载：“奏上，帝善其能，自是莫不用，天下咸称蔡侯纸也。”据刘知幾《史通》卷十二《古今正史》考证，《东观汉记·蔡伦传》由崔寔、延笃、曹寿等作于元嘉元年（151），离蔡伦去世大约三十年，所以上面那些记载可视为东汉学者的当朝实录，真实可靠。“蔡侯纸”，是当时对蔡伦所造纸的专称。汉代常以人名命名产品，如张芝笔、左伯纸、韦诞墨等，这些都是专称。从语用学观点看，语言中出现这样一些专称，必定是为了区别同类中的其他事物。从另一面讲，有必要区别同类中其他事物，才可能出现这类专称。以“张芝笔”为例。东汉书法家张芝大约死于公元 192 年，“张芝笔”为张芝所造。张芝以前千百年，我国就已有笔，而“张芝笔”之名就是为了区别与它不同的笔。“蔡侯纸”也是如此。人称“蔡侯纸”，必定是为了区别与它不同的其他纸品。从“蔡侯纸”这一专称可以推知，当时社会上除了“蔡侯纸”，必定还有其他纸品；当年从事造纸之人，除了蔡伦，必定还有其他人。诚然，蔡伦以前已经有纸，这并无疑问；然而蔡伦以前没有“蔡侯纸”，“蔡侯纸”是蔡伦发明的，这也是没有疑问的。

“自是莫不从用焉，故天下咸称‘蔡侯纸’”说明什么？说明“蔡侯纸”是最受全国使用者欢迎的纸品。使用者为谁？主要是“天下”士人。当时社会上，除了“蔡侯纸”，当然还有其他纸品。可是，“天下”士人“莫不从用”者唯有“蔡侯纸”，并不是其他任何纸品。“自是莫不从用”又表明，纸在以往应用中存在的障碍与问题，因“蔡侯纸”问世而消除殆尽。自从有了“蔡侯纸”，纸的试用阶段结束了，从此进入面向社会推广应用的新时期。

蔡伦是造纸先驱中的后来者，他集以往造纸技术之大成，又完成了关键技术的最终突破，终于造出最优纸品——“蔡侯纸”。纸在全社会推广应用，肇始于“蔡侯纸”。蔡伦是造纸史上名副其实的最大功臣。

汉朝造纸的目的是什么？是为了解决“缣贵而简重，并不便于人”这个老问题。以此为既定目的，汉朝造纸的根本任务是创造可以取代缣帛与简策的一种新材料、新产品，其性能可与缣帛比肩，其价格可与简策相仿，也就是兼有简帛两者优点，又避免两者缺点，这个新产品就是纸。将它用于书写，用于制造读物，用于各项文化活动，用于所有以文字为媒介的传播交流活动，以此彻底解决“缣贵而简重”导致的种种麻烦，实现从“不便于人”到“便于人”的根本转变。故而对东汉造纸来说，实现其既定目的与任务，必须通过推广应用；推广应用，亦即“莫不从用”，是实现既定目的与任务的主要标志。凡想做造纸功臣的造纸先驱们，无不希望自己所造纸能像“蔡侯纸”那样被人们“莫不从用”。而问题在于，能否“莫不从用”，并不取决于人们的个人意愿，而取决于所造纸的质量与产量究竟如何。只有纸的质量能令“天下”士人满意，产量又能满足社会需求，这样才可能在社会上推广应用。换言之，质量与产量都能满足社会需求，是推广应用之不可或缺的必要条件。

由此看来，能否实现造纸之既定目的与任务，其中关键不是别的，而是能否创造一套从质量与产量两方面满足社会需求的成熟而可靠的造纸工艺与技术。蔡伦之所以成功，是他凭超常科技能力，创造了这样一套造纸工艺与技术。有了这样一套造纸工艺与技术，纸就有条件迈进推广应用的新时期。在蔡伦这套工艺技术以前，虽然纸已有了，甚或纸品已有不少，可是从未出现“莫不从用”的景象，表明虽已有纸，然而尚不具备推广应用的客观条件。

其实，如蔡伦那样创造一套成熟而可靠的造纸工艺与技术，是所有造纸先驱梦寐以求的伟大理想。既为梦寐以求，为何蔡伦以前并未出现？主要是因为困难与问题实在太多，难度实在太大。在此仅就质量问题，尝试说明其中困难之大。

将植物纤维所造纸用于书写或读物制作，要解决的质量问题至少有两大类。一类是纸面的洁净度、平滑度、吸水性、着墨性这四项指标，都必须符合古人用毛笔书写的起码要求；另一类是纸页的拉力与韧性这两项指标，都必须符合使用时经常折叠与舒卷的起码要求。这六项指标，都符合要求才算质量合格；若有一项不符合，就是不合格。须知东汉造纸是制造人世间从没有过的新产品，人们对这种新产品——纸的各项质量指标，原先一无所知。造纸先驱也是人，无法未卜先知，他们只有通过不断实践，才能搞清楚质量指标究竟有多少，内容究竟如何。最初有人造出了纸，关于其质量如何，生产者自己大都难以判定。比如，判断纸面平滑度、吸水性、着墨性之类的质量，最可靠的根据来自书写者笔端的微妙感觉，故而只有书写者心里最清楚。一般来说，纸之质量的最终评判者是纸的使用者。因此，造纸先驱必须不断参考使用者发现的问题，听取他们的意见，去改进造纸工艺，创造新技术，这样才能有的放矢；否则，未免劳而无功。既然如此，造纸要想成功，必须坚持与使用者密切合作，仅有生产者单方面的努力是远远不够的。由此造纸从开始到成功，不能不经历新产品的试用阶段；想跳过试用而一步登天，只能是异想天开。当时造纸是从空白做起的，没有先例可循，没有现成经验可用。从发现问题到解决问题，都要通过与使用者密切合作，如此必定费时费力。而且，常常是旧的问题解决了，新的问题又产生了。新旧问题都要通过多方合作与实践，一个一个逐步予以解决，只能如此，别无他法。由此看来，当时解决各种质量问题，困难与挑战实在太多，难以尽言。因此，造纸从开始到成功所经历的时间过程，必定相当长；时间短了，肯定不行。如今的研究者大都过于低估当年造纸所遇千难万阻。或以为发明造纸，可以像母鸡下蛋那样一次成功，一步到位；或以为只要有纸就能推广应用，不需要经历新产品的试用阶段，不需要逐步改进技术，不需要依赖特殊科技条件与成果。这些想法都过于天真，过于离谱，胡思乱想而已。

下面，再对蔡伦制造“蔡侯纸”的成套工艺技术做简要介绍。

有关蔡伦造纸的新技术，历史文献屡有记载。如《初学记》：“蔡伦锉故布，捣抄作纸。”[1] 又如《后汉书集解》引王隐《晋书》：“（蔡）伦锉、捣故布，网抄作纸。”综合起来看，蔡伦的造纸技术，除了在原料方面

---

① 《初学记》卷二十一。

采用旧布、旧渔网、树皮等废弃物，他的工艺流程主要是《初学记》所记“锉”“捣”“抄”三大步骤。

锉，就是切料与脱胶。《说文解字》：“锉，折伤也。”《玉篇》：“锉，斫刀也。”先秦古人为利用麻纤维而“沤麻”，就是今天所说的脱胶。不过，造纸原料的脱胶，要求特别高。西晋张华《博物志》记载：“蔡伦始煮树皮以造纸。”① 从这个“始”字可知，采用“煮”(加温) 的办法脱胶是蔡伦首创。

捣，就是舂捣纸浆。晋人庾仲雍《湘州记》：“耒阳县北有汉黄门蔡伦宅，宅西有一石臼，云是伦舂纸臼也。”② 石臼舂米，本来早就有了。晋代文献记人们以石臼作为蔡伦造纸的标志，大概是因为蔡伦最早将舂米的石臼用来舂捣纸浆，这是他获取成功的关键技术之一。

抄，就是抄纸。根据《初学记》记“抄作纸”，知蔡伦已经使用“抄纸帘”技术造纸。不用“抄纸帘”，怎可称为“抄作纸”？国内外许多学者认为，蔡伦以

---

① 《北堂书钞》卷一百四，文渊阁《四库全书》本。

② 《后汉书》卷七十八《蔡伦传》章怀注引。

“抄纸帘”造纸时已经使用纸药，从而解决了连续抄纸以提高生产率的问题。[①] 如果不用纸药，“抄纸帘”就无法不间断地连续操作，结果产量上不去，如此纸的质量再好也无法满足“莫不从用”的庞大数量需求。从“自是莫不从用”这样的结果推断，这项将“抄纸帘”与纸药配套以提高生产率的关键技术，是蔡伦为造“蔡侯纸”而发明的。[②]

总体来看，蔡伦对造纸技术的历史贡献有两方面。其一，采用旧布、旧渔网、树皮等废弃物作为造纸原料，既可降低成本，又能提高产品质量。其二，以这些废弃物为原料，创造了包括“锉”（切料与脱胶）、“捣”（打浆）、“抄”（抄纸）三大步骤在内的成套造纸工艺与路线。其中，属于蔡伦的技术创新并成为造纸获得成功的关键技术大概有：通过加温（“煮”）以脱胶、石臼捣浆的方法，以及抄纸技术等。

蔡伦集汉朝造纸技术之大成，又实现关键技术的成

---

① 参见戴家璋主编《中国造纸技术简史》，中国轻工业出版社 1994 年版，第 57~59 页。

② 有关蔡伦的造纸工艺与技术，详见刘光裕《论蔡伦发明“蔡侯纸”》，载《出版发行研究》2000 年第 1、2 期。

功突破，于是创造了这套造纸工艺与技术。在这套工艺技术中，肯定存在继承借鉴前代成果的成分；若不继承借鉴，就不会有这套工艺技术。但是，如果不是着眼于单项或部分的工艺技术，而是着眼于完整成套的工艺技术，那么这一套用以制造“蔡侯纸”的完整而成熟的工艺技术，蔡伦以前从没有过，完全是蔡伦的首创与发明。有人宣称蔡伦只是对造纸技术进行了普通平常的一些改进，这种说法有悖于史实，而用意则在贬低蔡伦为造纸所做的历史贡献，抹杀蔡伦的发明家地位。

东汉造纸，是西汉尊儒后产生的一项全国性历史壮举。蔡伦以前，无数造纸先驱勇于实践，前赴后继，不屈不挠，取得了可敬可佩的成就。到公元 105 年，尚方令蔡伦在全国率先创造了制造“蔡侯纸”的完整而成熟的工艺技术，很快推广于全国。就蔡伦这套完整而成熟的造纸工艺技术而言，完全是蔡伦的首创与发明。

近两千年过去了，全世界的造纸工艺仍沿用蔡伦首创的“锉”（切料与脱胶）、“捣”（打浆）、“抄”（抄纸）这套基本流程，只是以机械代替手工，再加自动控制等。蔡伦在两千年前确立的造纸基本流程，今天仍无法作根本性改变。事实证明，蔡伦的这套工艺流程经得起历史的考验，具有经久不衰的科学价值。蔡伦，是为东汉造纸做出不朽贡献的伟大科学家，是中国古代最具世界影响的伟大发明家。

二、纸在东汉推广应用

蔡伦发明造纸新技术，推动纸的应用跨入全面推广的新阶段。纸在东汉推广应用的大致途径是：从朝廷到地方，从官府到民间，从中原到边疆。从资料看，以官府与贵族使用纸为最早。例如，东汉朝廷设两个官员——守宫令与尚书右丞，负责为皇室与官府供应纸笔墨。又如，文献记载最早用纸的人有皇后邓绥、少府窦章、南郡太守马融、太常张奂、京兆尹延笃等人，无不是贵族或高官。在推广应用纸的问题上，官府与士人都持热情支持的态度。朝野一致，所以纸在东汉推广的速度很快。近年来，有关东汉贵族士人瞧不起纸或反对用纸的种种说法，罔顾事实，毫无根据。

（一）文献记载最早使用纸的书信、书籍与公文

1. 文献所记最早用纸写信者——窦章、张奂、

阴氏。

例证之一，《后汉书》卷二十三《窦章传》章怀注引马融《与窦伯向书》：

孟陵奴来，赐书，见手迹，欢喜何量，见于面也。书虽两纸，纸八行，行七字。

马融，东汉经学家。窦章，字伯向，名臣窦融玄孙。从马融的信中，知窦章用纸给马融写信，共两张纸，一纸八行，一行七字。古人用纸抄书，以卷为计量单位；用纸写信，以张为计量单位。原因在于用纸写信，乃代替尺牍，牍本就是一片一片的，所以书信用纸也是一张一张的。信的书写格式，也与尺牍基本相同。

窦章给马融所写纸信的时间，具体难考。据《后汉书·窦章传》，窦章卒于建康元年即公元 144 年。因此，可断此信写于公元 144 年之前，距蔡伦造纸成功的公元 105 年，时间上较近。

例证之二，延笃《与张奂书》：

离别三年，梦想言念，何日有违。伯英来，惠书盈四纸，读之三复，喜不可言。[①]

延笃，东汉学者，官至京兆尹。张奂，敦煌人，东汉著名守边将领，经学家。张奂之子，名芝，字伯英，著名书法家。“伯英来”云云，是说张奂给延笃的信“四纸”，是由张芝带过去的。张奂给延笃“四纸”之信，据陆侃如教授考证，可能发生在张奂任武威太守与度辽将军时，公元165年左右。[②]

例证之三，张奂《与阴氏书》：

笃念既密，文章灿烂，名实相副，奉读周旋，纸弊墨渝，不离于手。[③]

上面信中，谈到阴氏给张奂的纸信。阴氏何人无考，大概是一位好文章的官员。张奂，生于公元104年，卒于公元181年，长期担任守卫边关的将领。公元

① 见《艺文类聚》卷三十一、《太平御览》卷五百九十五、《全后汉文》卷六十一，文字稍异。

② 陆侃如《中古文学系年》，人民文学出版社1985年版，第233页。

③ 见《艺文类聚》卷三十一、《太平御览》卷五百九十五、《全后汉文》卷六十四，文字稍异。

157 年为使匈奴中郎将，163 年任武威太守，164 年拜度辽将军；又，168 年迁少府，169 年转太常，后因反对宦官擅权，辞官归里，居弘农华阴，著书授徒千人。从张奂回信的语气看，似是他守边时接到久别友人的书信，故而阴氏给张奂信的时间，以张奂守边时的可能为大，大概在公元 168 年任少府之前，具体年代难考。

2. 文献所记最早用纸抄写的书籍——《许子》十卷。

崔瑗《与葛元甫书》：

> 今遣奉书，钱千为贽，并送《许子》十卷。贫不及素，但以纸耳。[①]

崔瑗，东汉著名经学家、文学家、书法家，时称“宿德大儒”，生于公元 78 年，卒于公元 143 年。[②] 收信人葛元甫，姓葛，名龚，字元甫，《后汉书 · 文苑传》

---

① 见《北堂书钞》卷一百四、《艺文类聚》卷三十一、《全后汉文》卷四十五，文字稍异。

② 《后汉书 · 崔瑗传》：“汉安初……会病卒，年六十六。”《书断》：崔瑗，“顺帝汉安二年卒，年六十六”。按：顺帝汉安二年即公元 143 年。

有传，语焉不详。崔瑗信中说“钱千为贽”，是说送一千钱作为礼物。“贽”，多指送给长辈的礼物。从崔瑗这种语气看，葛龚大概比崔瑗年长，是崔的长辈。葛龚一生只做过县令、黄门郎之类小官，经济上并不宽裕。陆侃如教授据《后汉书》本传及《隋书·经籍志》有关材料，考葛龚卒于公元130年左右。[①]

崔瑗赠葛龚的纸书《许子》十卷，不详何书。崔瑗本人，“明天官、历数”。《汉书·艺文志》录许商《五行传记》一卷、《许商算术》二十六卷，都不是十卷。

崔用纸抄《许子》十卷赠葛龚，当为公元130年葛龚去世之前，距蔡伦造纸成功的公元105年，时间上非常之近。

3. 文献所记最早公文用纸——笺记纸。

《后汉书》卷六十四《延笃传》记延笃“少从颍川唐溪典受《左氏传》，旬日能讽之，典深敬焉”。章怀于此引《先贤行状》注曰：

笃欲写《左氏传》，无纸，唐溪典以废笺记与

① 陆侃如《中古文学系年》，人民文学出版社1985年版，第155页。

之。笃以笺记纸不可写《传》，乃借本讽之，粮尽辞归。典曰："卿欲写《传》，何故辞归？"笃曰："已讽之矣。"典闻之叹曰："嗟乎延生！虽复端木闻一知二，未足为喻。若使尼父更起于洙、泗，君当编名七十，与游、夏争匹也。"

唐溪典，即堂溪典，姓堂溪，名典，东汉经学家，与蔡邕一起刻熹平石经。"废笺记"，指使用过的笺记纸。什么是笺记？严格来说，笺与记在东汉有区别。《文心雕龙·书记》："迄至后汉，稍有名品，公府奏记，而郡将奏笺。"这是说在东汉时上三公之书称"记"，上郡守之书称"笺"。一般来说，笺记是官员与官员之间的来往公函；既与私人信函有别，又与上呈皇帝的章奏不同。东汉选官，"诸生试家法，文吏课笺奏"①，"笺奏"就是笺记。笺记是官场最常用的应用文，所以有"文吏课笺奏"的选官考试。唐溪典给延笃"废笺记"抄《左传》，这件事说明，当时官府公文中的笺记，已经不再用简牍，改为使用纸了。

① 《后汉书》卷六十一《左雄传》。

"废笺记"是指使用过的废旧纸。用"废笺记"抄书，意为用这种旧纸的反面抄书。古代以旧纸抄书，大都因为纸张不敷供应，也有经济上节约的用意。南朝有位隐士——沈麟士，吴兴人，"遭火烧书数千卷，年过八十，耳目犹聪明，以反故抄写，火下细书，复成二三千卷"[①]。"反故"，就是旧纸反面。用旧纸抄书在古代是常有的事。《书林清话》卷十有"古人钞书用旧纸"一节，可参阅。

"笃欲写《左氏传》，无纸"这句话说明，延笃本想用"纸"抄《左传》，只是陷于"无纸"的无奈处境，唐溪典才给延笃以"废笺记"。可是，延笃认为用"废笺记"这种废旧纸抄《左传》，是对经籍的不尊或不恭，所以宁愿借书背诵，也不肯用"废笺记"抄，由此表现了延笃虽然年少，对经籍的态度却是异乎寻常的严肃认真。由此看来，延笃不用"废笺记"抄《左传》这件事，仅表示延笃本人对经籍的严肃认真态度，老师唐溪典大加赞扬的也是这种态度，这与不愿用纸抄书是两码事，更与瞧不起纸不相干。事实上，延笃原本是想

① 《南史》卷七十六《隐逸传下》。

用“纸”抄《左传》的。延笃与崔寔等人于公元151年为《东观汉记》所作《蔡伦传》中热情赞扬蔡伦造纸，他们是最早公开赞扬蔡伦造纸的东汉学者。此外，张奂有“四纸”之信给延笃，令他“读之三复，喜不可言”。所以，延笃又可算是最早使用纸的东汉官员之一。

下面，考唐溪典给延笃“废笺记”的时间。这件事发生在延笃“少从颍川唐溪典”读书之时；“少”，为年少之少。延笃，卒于永康元年（167）。陆侃如先生考延笃生年说：“笃生年无考，事迹年月可知者始于元嘉元年著作东观，今假定相平阳在此前十年，即永和六年。以常理推之，他的年辈大约与崔寔、朱穆相近，也许生于公元一〇〇年左右罢?”[①]《后汉书·延笃传》：“举孝廉，为平阳侯相。”又，顺帝阳嘉元年（132）规定：“令郡国举孝廉，限年四十以上。”[②] 据此规定，若于永和六年（141）“举孝廉”，延笃至少四十岁。从延笃生平看，“举孝廉”必定是在元嘉元年（151）著作

① 陆侃如《中古文学系年》，人民文学出版社1985年版，第180~181页。

② 《后汉书》卷六《孝顺帝纪》。

东观之前。据此，陆侃如先生推测其生年为公元 100 年左右，大致可从。现在再以误差五年计，另假定延笃生于公元 105 年，而延笃“少从颍川唐溪典”假设为十六岁，那么，唐溪典给延笃“废笺记”的时间可能是公元 120 年左右，上距蔡伦造纸成功十来年，时间上很近。

在此，可注意三点：其一，唐溪典有“废笺记”说明，蔡伦造纸成功后十来年间，中原地区官府来往公函（“笺记”）就已不用简牍而用纸了。其二，从延笃“无纸”而官府有“废笺记”推测，这时候纸张供不应求，而民间用纸之短缺，远甚于官府。其三，既然民间用纸短缺，延笃在不愿用“废笺记”之后，其实还有一种简单易行的选择，就是改用简策抄《左传》。自西汉尊儒以来，人们一直用二尺四寸简抄经文，用八寸简抄传记。只要他愿意改用八寸简抄《左传》，因为完全合乎尊儒的要求与惯例，对经籍不恭之嫌不复存在，“无纸”的难题也迎刃而解。而且，我国使用简策已有上千年历史，这时候多数人仍用简策抄书。所以，只要他自己愿意改用简策就行，事情就简单了，毫无难处。可是，延笃根本不考虑简策，只考虑用“纸”。为何不考虑简策？因为不久前东汉成功造出“蔡侯纸”，而延笃对“纸”情有独钟；虽然“纸”为短缺物资，仍是非“纸”不用。如此看来，延笃就是当年无数“莫不从用”“蔡侯纸”中的一员。

（二）崔瑗说“贫不及素，但以纸耳”是信中客气话，并无轻视纸的意思

如前所引崔瑗《与葛元甫书》说：“贫不及素，但以纸耳。”多年来，学界以崔瑗这句话为根据，认为东汉时“贫”者才用纸，认为东汉士大夫瞧不起作为新产品的纸，或不屑于用纸抄书。具体例证恕不列举。这样理解崔瑗这句话，其实是误解。

首先，在当时社会上，不使用帛书并不代表贫穷。

两汉皇帝书写，一般情况概用简策。例如，汉文帝十五年（前 165）诏贤良对策曰：“著之于篇，朕亲览焉。”[①] 汉武帝元光元年（前 134）诏贤良对策曰：“著之于篇，朕亲览焉。”[②] “著之于篇”，就是要求将对策文章写在简策之上。再如，《汉书 · 司马相如传》载，

① 《汉书》卷四十九《晁错传》。
② 《汉书》卷六《武帝纪》。

司马相如请为天子《游猎赋》，“上令尚书给笔札”；《后汉书·贾逵传》载，东汉明帝令贾逵作《神雀颂》，“敕兰台给笔札”。“札”，就是简策。可见，两汉皇帝所读对策与赋作，一概是简书。汉皇帝不用帛书，总不会是贫穷的缘故。盖在千百年来，简牍是人们日常应用的书写材料，使用简策早已成为古人一种文化习惯。当时人不分贵贱，都有这样的习惯。汉代帛书比以前多，然而主要用于宗教神秘性书籍、豪华本书籍、图谱或地图等具有特殊需要的场合。马王堆出土的帛书是陪葬品，汉行厚葬，因而陪葬有如此豪华本。汉代社会上日常应用的书籍，并非帛书，而是简书。

不拥有帛书，并不是贫穷的标志。汉皇帝说“著之于篇，朕亲览焉”，皇帝所读并非帛书，难道有人以为皇帝贫穷吗？绝对没有。崔瑗不赠葛龚帛书，当时谁也不会据此以为崔瑗贫穷。汉代造纸，是为了在书写应用中替代简牍。帛书比纸书珍贵，不只东汉如此，南北朝也是如此，一直到清代还是如此。帛书比纸书珍贵这一点，并不说明没有帛书就代表贫穷。

其次，崔瑗如果想送帛书，“钱千为贽”足以买缣抄《许子》十卷。

先看汉代缣帛的价格。东汉《居延简》（二二一·一九）："受缣五匹，卖雠匹三百。"东汉《居延简》（一六三·三）："卖缣一，直钱八百。"《流沙坠简》（器物类五五）："任城国亢父缣一匹，幅广二尺二寸，长四丈，重廿五两，直钱六百一十八。"《九章算术》："今有缣一丈，价直一百二十八。"从上面资料知汉代一匹缣的价格，有钱三百、八百、六百一十八、五百一十二等数种。

崔瑗信中说"今遣奉书"，知他的信与礼物是专门派人送过去的。礼物之一是"钱千为贽"。作为"贽"的一千钱如果买缣，按上面价格，多者可买三匹有余，少者可买一匹有余，中间价格可买二匹左右。汉代"布帛广二尺二寸为幅，长四丈为匹"[1]。汉代子书用一尺简，如王充所见是"诸子尺书，文篇具在"[2]。用宽二尺二寸缣抄"诸子尺书"，一匹缣一分为二接起来就是八丈。因此，如果崔瑗真的想赠葛龚帛书，用"钱千为贽"的这些钱买缣，即便是一匹有余，抄《许子》十

① 《汉书》卷二十四下《食货志下》。

② 《论衡·书解》。

卷也已经够了。

实际情况是，崔瑗不想赠帛书，他要赠长辈葛龚的礼物是纸书。

再次，纸与纸书在当时是非常珍贵的礼物。

纸与纸书，当时是稀罕的珍贵之物。邓绥皇后即位之后，禁止方国贡献“珍丽之物”，下令“岁时但供纸墨”。在皇宫内部，纸若不是稀罕的珍贵之物，邓皇后怎需下令“但供纸墨”？在宫廷里，纸的特殊地位是可以替代“珍丽之物”的，所以非常贵重，决不可将它与随拿随用的一般物品相等同。蔡伦造纸，是在尚方令的作坊中获得成功的；当年“莫不从用”的“蔡侯纸”，最早是在皇家作坊工场中生产出来的；全国最上乘的“蔡侯纸”，开始时仅属于皇宫与朝廷所有。文献中最早用纸写信的窦章，官职是少府，官衔二千石。掌管纸笔墨的尚书右丞，就是少府的属下。所以，少府窦章有可能用纸写信，其他高官也可能有纸可用，一般人却是暂时无纸可用。前面谈到延笃少年时“欲写《左氏传》，无纸”，唐溪典因此想到给他废笺记纸，可见延笃、唐溪典当年一时间都无法弄到纸抄书。

现在，可考崔瑗送纸书《许子》的时间是在公元

130 年之前，与延笃困于“无纸”差不多同时或稍后。“无纸”，是因为纸张供应不足，生产不敷需要。蔡伦的造纸技术从朝廷向社会扩散，需待时日。因此，社会上出现延笃抄书“无纸”这类事情，并不令人奇怪。可是，延笃、唐溪典弄不到的纸，崔瑗弄到了，他将《许子》用纸抄了送给葛元甫，这在当时是非常珍贵的礼物。

这一次，崔瑗给葛元甫既送钱，又送纸书《许子》，礼物不轻，所以说了句客气话：“贫不及素，但以纸耳。”因为礼物不轻，他这样说似乎可使对方容易接受一些。在日常应用的书写材料是简牍而不是缣帛的社会上，谁说这样的话，旁人可能理解为不富有、不奢华，然而都不会误解为贫穷。

崔瑗的高祖父崔舒，在西汉“历四郡太守”。曾祖崔篆、祖崔毅、父崔骃，皆以典籍为业，以文学闻名于世。崔氏是京城里的世代望族，来往于达官贵人之间，以操守为重，不遑仕进。崔瑗本人，锐志好学，与著名文人马融、张衡“特相友好”，官至济北相。史称：“瑗爱士，好宾客，盛脩肴膳，单极滋味，不问余产。

居常蔬食菜羹而已。家无担石储，当世清之。"[①] 崔瑗家中并不富裕，然而为人豪爽，待客"不问余产"，送葛元甫厚礼之后说"贫不及素"，正表现他"爱士，好宾客"的豪爽性格。

（三）书法家用纸作书在纸早期应用史上的重要意义

为了追求书法艺术，书法家对纸、笔、墨等书写用品的质量，特别讲究与挑剔。在纸之前，不论皇帝还是布衣人士，日常应用的书写材料多是简牍。简牍时期书法家很少，中国书法艺术是随着纸的应用而兴起的。一般来说，简牍时期的书法家最爱使用绢帛作书，因为绢帛的书写性能最好。到东汉末年，张芝、蔡邕两位大书法家已经用纸作书。像张芝、蔡邕那样的大书法家作书用的纸，必为纸中上品。这足以说明，东汉末年有些纸的质量已经达到相当高的水平，除了可以用于一般书写，还可以满足书法家的艺术追求。

先看张芝。

张芝，字伯英，名将张奂之子，生年不详；卒年，

① 参见《后汉书》卷五十二《崔瑗传》。

据《书断》说是“献帝初平中卒”。东汉献帝初平年号共四年，暂断他卒于初平二年即公元191年。延笃《与张奂书》说：“伯英来，惠书盈四纸。”伯英，就是张芝。他年轻时就已接触并且使用纸。在书法史上，张芝是最负盛名的章草大师，人称“草圣”；与以隶书见绝的钟繇，并称“钟张”，为后世所取法。《书断》列张芝、钟繇书法为神品。

张芝的纸件书品，一直流传到后代。西晋卫恒《四体书势》说：

> 弘农张伯英者，因而转精甚巧。凡家之衣帛，必书而后练之。临池学书，池水尽黑。下笔必为楷则，号匆匆不暇草书。寸纸不见遗，至今世尤宝其书，韦仲将谓之草圣。[1]

张芝幼年时，在布帛上练习写字。“书而后练”：书，书写；练，染色。这句话的意思是，先用布帛练习写字，然后再去染色。张奂是东汉名将，文献记载最早

[1] 《晋书》卷三十六《卫恒传》。

用纸写信者之一。官场地位显赫又喜欢使用纸的儒将张奂，他的儿子却不能用纸学习书法，所谓“家之衣帛，必书而后练之”，可以推想当时纸业生产远不敷社会需要。

后来，张芝终于成为书法大师。张芝留给后代的书法作品，既有缣素，也有纸。卫恒说“寸纸不见遗，至今世尤宝其书”，是说西晋士人十分珍视张芝留下来的纸件书迹。卫恒之父卫瓘，以学张芝章草而闻名。时论说：“瓘得伯英筋，靖得伯英肉。”瓘即卫瓘，靖即索靖，都是魏晋书法家。卫瓘以学习张芝闻名，卫恒所记张芝有纸件书品留在世上，当为亲眼所见。又，东晋庾翼在给王羲之的信中说：

> 吾昔有伯英章草十纸，过江颠狈，遂乃亡失，常叹妙迹永绝。①

庾翼家中珍藏张芝章草十纸，可以作为卫恒“寸纸不见遗，至今世尤宝其书”的佐证。

---

① 《晋书》卷八十《王羲之传》。

南朝宋虞龢在《论书表》中说，南朝宋皇家“秘藏”中有“张芝缣素及纸书四千八百二十五字”[①]。此证张芝纸书一直流传到晋代之后。

再看蔡邕。

蔡邕，字伯喈，生卒年为公元 132 至 192 年，东汉末年著名学者、藏书家。其书法工篆、隶，尤以隶书见长，《书断》列其书法为神品。

韦诞说：“蔡邕自矜能书，兼（李）斯、（曹）喜之法，非流纨体素，不妄下笔。”[②] “流纨体素”：流纨，细绢；体素，白绢。绢帛的书写性能较佳，因此蔡邕非绢帛不肯下笔，书法家原先大都有这种习惯。不过，后来蔡邕已经用纸作书。蔡邕的书论《九势》已论及纸。《九势》讲书法中九种笔势，“藏头”是九种笔势之一。

藏头：圆笔属纸，令笔心常在点画中行。[③]

---

① 潘运告编著《汉魏六朝书画论》，湖南美术出版社 1997 年版，第 147 页。

② 张怀瓘《书断》“韦诞”条。

③ 蔡邕《九势》，载《书苑菁华》《佩文斋书画谱》等。

既说“圆笔属纸”，讲的是如何在纸上作书，自然是因为在纸上书写久了，取得了经验的缘故。

《九势》最早见于宋代《书苑菁华》，唐以前未见，故而是否为蔡邕作有争议。不过，学术界一般认为，其中观点出自蔡邕，当今书史都系在蔡邕名下。从同时代的张芝已经用纸作书看，蔡邕用纸作书是顺理成章的事。不过，早期书法史料中，记载张芝留下的作品很多，记载蔡邕留下的书法作品，无论缣帛还是纸都很少见，何故不详。

张芝、蔡邕是桓帝及灵帝时期的著名书法家。他们都不是一开始就用纸作书，到后来才这样做。这种变化，值得研究早期纸史的人注意。东汉桓帝年间，甚至到灵帝年间，纸的产量有所增加，质量有所提高，成为推广应用纸的重要时期。不过在桓灵时期，并非所有书法家都已用纸作书。鸿都门有一位书法家——师宜官，他在酒家壁上写字，供人观赏而讨得酒钱之后，就把墙上字迹消灭掉。他也在木板上写字，写完就将板上字迹削下烧掉。有一次，想学书艺的梁鹄，事前准备了许多木板，故意让师宜官酒醉后在自己准备的木板上书写，接着偷偷把书写过的木板留下来。[①] 从这件事看，师宜官当时就不能轻易弄到纸。其中原因，除了师宜官在书界声誉不如张芝、蔡邕，主要是社会上纸的供应尚不充裕。

（四）左伯纸、张芝笔、韦诞墨：改进笔墨制作技术是普及用纸的重要标志

书家成品，需有笔、墨、纸三者的协同配合，如此才有好的书写效果。书写材料实现以纸代简之后，对笔与墨的性能要求必定随着发生变化。纸的书写性能如着墨、吸水等方面，与简牍的差别不小。因此，原来用于简牍的笔与墨，一旦用于纸，必然不适应。为适应纸上书写，笔与墨本身不得不做适应性的改进。汉魏间书法家韦诞说："若用张芝笔、左伯纸及臣墨，兼此三具，又得臣手，然后可以兼径丈之势，方寸千言。"[②] 此话表明，即便是名家书写，也需有纸、笔、墨三者协同配

① 卫恒《四体书势》："灵帝好书，时多能者，而师宜官为最，大则一字径丈，小则方寸千言，甚矜其能。或时不持钱诣酒家饮，因书其壁，顾观者以酬酒，讨钱足而灭之。每书辄削而焚其柎。梁鹄乃益为版而饮之酒，候其醉而窃其柎。"

② 张怀瓘《书断》"韦诞"条。

合，才可能达到艺术化境。因此蔡伦以后，在造纸技术不断进步、纸的应用不断普及的同时，社会上又出现了改进制笔与制墨技术的现象。改进制笔与改进制墨，主要是为了适应纸上书写的需要。

到东汉末年，全国纸业生产的一个重大成就，就是出现左伯纸。东汉赵岐《三辅决录》载“左伯，字子邑，东莱人”，善造纸。东莱，郡名。汉东莱郡，在山东半岛北部，郡治在今山东省莱州市附近。左伯，是蔡伦以后最杰出的民间造纸专家，生卒年无考。东汉末年，左伯与毛弘一同随梁鹄学书，都以八分为工。梁鹄，灵帝时任选部尚书，建安时曹操深爱梁鹄书艺。西晋卫恒说：“汉末有左子邑，小与（邯郸）淳、（梁）鹄不同，然亦有名。”① 左伯生平大致与毛弘同时。《书断》记毛弘“献帝时为郎中，教于秘书。建安末卒”。根据这些资料推测，左伯大概是东汉末年灵帝、献帝时人。

左伯所造纸，或利用左伯技术所造纸，时称“左伯纸”。萧子良《答王僧虔书》说：“子邑之纸，妍妙辉

---

① 卫恒《四体书势》，载《晋书》卷三十六《卫恒传》。

光。”“妍妙辉光”指纸的外观，平滑而有光泽。造纸史学者据此推断，左伯纸不是原纸，是经过了初步研光与初步涂布的加工纸；不然的话，纸的外观无法有“妍妙辉光”的效果。这种看法是有道理的。左伯加工的原纸，大概就是蔡伦发明的楮皮纸等。韦诞说，左伯纸除了能写大字，还能写“方寸千言”的小字。可写如此小字，自然是解决了纸面渗水的问题，非经研光涂布不可。用左伯制造的这种加工纸书写，笔端流畅，吸墨性好，无渗水之弊，最能表现书家的情趣与韵味。自东汉末年开始，左伯纸长期是最受书家欢迎的纸品。左伯继承蔡伦的事业，将造纸技术推进到一个新阶段，具有里程碑意义。

公元 105 年的全国最佳纸品是蔡伦的“蔡侯纸”，它是由皇家的尚方令作坊制造的。一百来年后的全国最佳纸品是“左伯纸”，它是由民间纸坊制造的。最佳纸品从皇家生产演变为民间生产，表明汉代官府不想垄断造纸，也表明国家在推进地方造纸与民间造纸方面取得巨大成功。

20 世纪六七十年代，“劳动人民发明纸”的说法一度盛行，以为我国古代发明纸，不需要文化知识，不需要科学技术，更不需要发明家。之所以出现这种论调，无非是为了迎合贬低知识与知识分子这类政治需要。历史事实是，早期为中国造纸做出重大贡献的都是富有知识的人。像蔡伦，不只富有学问，还具有多方面的科技才能；左伯，本是颇有名气的书法家；还有南朝刘宋造纸专家张永，也是具有多种科技才能的知识分子。不管蔡伦、左伯还是张永，他们造纸都离不开能工巧匠。中国古代的能工巧匠具有实际的科技能力，他们在造纸中所起的作用是不可忽视的。可是，能工巧匠每人只掌握一门技术，而蔡伦发明"蔡侯纸"，不能不在综合已有技术的基础上创造新技术。此其一。其二，发明或改进造纸技术，都必须根据书写的需要，必须与书写的需要密切结合，离开了书写的具体需要，会无的放矢，不可能取得成功。最了解书写需要的人，唯有知识分子，非士大夫不可。没有文化，或者连字都不会写，怎能了解书写对纸有何要求？如左伯，他是书法家，因而可以根据自己书写中取得的经验与教训，去设定纸的质量目标，进而确定造纸的技术方案。由此着手改进造纸技术，取得的成果才能有实际应用的价值。

在制笔方面，东汉末年主要是出现了张芝笔。张芝是书法大家，他的草书特征是连笔不断。书法史评曰："若清涧长源，流而无限。"[①] 这就是不间断的连笔。张芝这种书体，在简牍上很难充分表现它的艺术效果。若是用纸，可以依托纸的幅面大、吸墨性好等特点，将那种飘逸放纵的情趣表现出来。可是，要在纸上写连笔，就不能不对笔做适应性的改进。据后人研究，张芝大概是在蒙恬将笔柱与笔被分开的基础上做改进工作。其一，笔被用长毫，为的是适应在纸上写草体的特殊需要；其二，将笔柱加粗，为的是蘸墨后饱含墨汁，书写连笔时可以充分供应所需墨汁。用这种饱墨长毫，书家才可能在纸上写出放纵飘逸的草书来。可是，这种饱墨长毫不宜用于简牍，因为简策不吸水，饱墨长毫反而不方便。所以，张芝笔是专门为适应纸上书写的需要而制造的。

在制墨方面，汉魏间出现的墨中名品，是韦诞墨。韦诞，字仲将，京兆人，生于灵帝光和二年（179），卒于魏嘉平五年（253）。韦诞既是制墨专家，又是书法家。从纸与墨的关系看，纸的着墨性比简牍好得多，可

---

① 张怀瓘《书断》"张芝"条。

是纸容易渗水，而在简牍上书写不存在渗水的问题。因此，为了适应纸上书写，不能不对墨做适应性的改进。制墨专家韦诞是这方面的代表。根据韦诞《墨方》所记，他的制墨之法：一是用纯净松烟，尽量捣得很细；二是一斤松烟用五两好胶，用梣树皮汁化胶，再加五个鸡蛋清；三是加进名贵香料。[①] 可见，韦诞制墨的关键是松烟加好胶，特点是浓墨重胶。浓墨，可以利用纸吸墨性好的特点，强化纸面墨色的艺术效果；重胶，除了增加烟墨在纸上的附着力，又是为了解决纸面渗水问题。萧子良《答王僧虔书》说："仲将之墨，一点如漆。"可见韦诞墨的书写效果非常之好。这种墨在简牍上书写，同样没有用武之地。重胶的墨用于简策，反而妨碍笔端流畅。三国时吴国书法家皇象也说："墨又须多胶绀黝者。"可见纸上书写久了，经验多了，大都能想到浓墨重胶的好处。只要使用纸，浓墨重胶就是制墨的共同要求。所以，韦诞墨是专门为适应纸的需要而制造的。

汉魏间的韦诞将左伯纸、张芝笔、韦诞墨三者并提

① 韦诞《墨方》，载《齐民要术》。

说明什么？说明笔与墨两方面为适应纸的需要而做的改进业已完成，说明纸的社会应用正在大踏步走向普及。如果人们不使用纸，或使用纸的人不多，张芝笔、韦诞墨可能成为公认的名品吗？不可能。因为对简牍来说，张芝笔与韦诞墨都派不上用场。从资料推断，建安年间是纸的社会应用大踏步走向普及的关键时期。

（五）从语用学角度看，以“纸笔”作为书信代词说明尺牍时代已经过去了

在纸以前，一尺见方的版牍用于书写信件，称尺牍。《说文解字》卷七上：“牍，书版也。”文献中以一尺版牍借代书信的记载，最早见于西汉。《汉书·游侠传》：陈遵“性善书，与人尺牍，主皆藏去（师古注：去亦藏也）以为荣”。“与人尺牍”，就是与人书信。《后汉书·北海靖王兴传》：“令作草书尺牍十首。”章怀注：“‘牍，书版也。’盖长一尺，因取名焉。”因为用尺牍写信，所以在汉代尺牍成为书信的代名词。

蔡伦造纸成功以后，文献记载窦章、张奂、阴氏等纷纷用纸写信。窦章给马融的那封两张纸的信，至晚写于公元 144 年窦章去世之前。中国统一以后疆域辽阔，

出于社会活动等多方面原因，亲友之间或有相隔千里，甚或万里者。在相距遥远的亲友间，用纸写信远比尺牍方便。收信人奉读远方亲友的纸信，马融说“欢喜何量”，张奂说“纸弊墨渝，不离于手”，欢愉之情溢于言表。随着蔡伦造纸技术在全国推广，各地建立纸坊，纸的产量不断增加，用纸写信的人逐渐增多。查检史料，东汉末年已出现以“纸笔”作为书信的代名词，由此推断到东汉末年，用纸写信在中原地区已经比较普遍。

据《三国志》卷七《臧洪传》，袁绍为统一北方，举兵围困东郡太守臧洪于东武阳（今山东省高唐县）。久攻不下，袁绍命陈琳以臧洪同乡名义写劝降信。陈琳第一封劝降信，臧洪没有回答；陈琳写了第二封劝降信后，臧洪回信中这样说：

> 是非之论，言满天下，陈之更不明，不言无所损。又言伤告绝之义，非吾所忍行也。是以捐弃纸笔，一无所答。……重获来命，援引古今，纷纭六纸，虽欲不言，焉得已哉？

陈琳，东汉末年著名文人，建安七子之一，袁绍《讨曹操檄》就出于陈琳之手。从上面臧洪信中的话，知陈琳与臧洪的通信都是用纸。“援引古今，纷纭六纸”，知陈琳的第二封信是写了六张纸的长信。古人书信原称尺牍，因为用的是一尺长的方形版牍。臧洪信中说“捐弃纸笔，一无所答”，“捐弃纸笔”就是不写回信的意思。这样以“纸笔”代指写信，是以前从未见过的语言现象。从语用学观点看，社会语言中出现这样的借代修辞，必须是在用纸写信已经成为人们的习惯之后。如果多数人仍旧使用版牍，语言中不可能出现以“纸笔”借代写信这样的修辞。

考臧洪与陈琳的这次书信往来，时间在建安二年即公元 197 年。[①]

吴质在《答东阿王书》中说：“信到，奉所惠贶。发函伸纸，是何文采之巨丽，而慰喻之绸缪乎！”[②] 吴质以“发函伸纸”指代阅读来信，这与臧洪的“捐弃纸

① 据《三国志·臧洪传》，袁绍围臧洪是在张超死后，而陈琳的劝降信写于兵围一年之后。据《三国志·武帝纪》，张超死于汉献帝兴平二年十二月。故袁绍开始围臧洪是在建安元年，陈琳劝降信写于建安二年。

② 吴质《答东阿王书》，载《文选》卷四十二。

笔”一致，两者的修辞手法都是以纸借代书信。它同样可以说明，用纸写信已经成为人们的文化交流习惯。

吴质，字季重，生卒年为公元177至230年，东汉末年文人，与曹丕、曹植过从甚密。《文选》载曹植与吴质往复的两件书信，考其时间在吴质任朝歌长时，大约是建安十七年（212）。

《三国志》卷四十三《吕凯传》：“雍闿等闻先主薨于永安，骄黠滋甚。都护李严与闿书六纸，解喻利害。闿但答一纸……其桀慢如此。”《三国志》作者陈寿，本是蜀国人。他记述蜀将雍闿以“一纸”答李严“六纸”，表示雍闿“桀慢”。如此口气，也可证蜀人写信早已不用尺牍，习惯用纸。雍闿这件事的时间是章武三年即公元223年，是东汉结束后的第三年，尚可代表东汉末年蜀地已经有用纸写信的习惯。

从以上事例看，到东汉末年的建安年间，中原地区已经不再用尺牍写信，成都地区等也是如此。像臧洪在东武阳被围困一年之后，仍旧有纸可用，大概官府用纸有相当数量的储备，也说明纸的社会应用到建安年间迅速走向普及。不过，中国很大，各地纸业生产不可能平衡发展。中原地区以外，特别是边远地区，尚未建立纸业生产机构，用尺牍写信不能不仍旧存在。不过，西域虽是边远地区，由于边防的需要而与京城来往密切，反而是用纸写信较早的地区。

（六）纸书盛行与最后一批简书的毁灭

《后汉书·儒林传》："初，光武迁还洛阳，其经牒秘书载之二千余两（辆）。自此以后，参倍于前。"东汉初年，西汉末年损失的典籍渐趋恢复。东汉历代都重视文化教育，都重视典籍。东汉的教育规模比西汉更大，朝廷藏书机构比西汉更多。东汉中秘书没有留下《汉书·艺文志》那种目录学资料，无法确切统计。有些学者根据种种迹象推测，东汉中秘书比西汉更多。可是，不幸遇上董卓之乱，中秘书全部毁于一旦。《后汉书·儒林传》：

> 及董卓移都之际，吏民扰乱，自辟雍、东观、兰台、石室、宣明、鸿都诸藏典策文章，竞共剖散；其缣帛图书，大则连为帷盖，小乃制为縢囊。及王允所收而西者，裁七十余乘，道路艰远，复弃其半矣。后长安之乱，一时焚荡，莫不泯尽焉。

东汉朝廷历年积累的丰富简书与帛书，在董卓之乱中，“莫不泯尽”，成为国人心头的千古恨事。东汉朝廷珍藏的中国最后一批简书，就这样在战火中全部毁灭了。到建安年间，民间不可能没有简书，但也只是劫后余烬而已。从全国情况看，简书有减无增，逐渐趋于消失是历史发展难以避免的事。

庆幸的是，桓帝、灵帝年间中国纸业生产发展较快，到建安年间，纸迅速走向普及，因此，皇家的简书在董卓之乱中全部毁灭之后，以纸书全面替代简书，成为书籍领域不可避免的发展趋势。下面，考察建安年间的事例，重在说明纸书迅速走向普及。

1. 阚泽“常为人佣书，以供纸笔”在早期纸史上有何意义？

《三国志》卷五十三《阚泽传》：

> 阚泽，字德润，会稽山阴人也。家世农夫，至泽好学，居贫无资，常为人佣书，以供纸笔，所写既毕，诵读亦遍。追师论讲，究览群籍，兼通历数，由是显名。

因为家境贫寒，阚泽少年时通过“佣书”换取纸笔，以达到读书的目的。“佣书”，是为别人抄写（复制）作品。从“常为人佣书，以供纸笔”看，阚泽为别人复制的作品已是抄写在纸上。

下面，考证阚泽“为人佣书，以供纸笔”的大致年代。

阚泽，卒于赤乌六年（243），生年无记载。《三国志》本传说，“察孝廉，除钱唐长，迁郴令。孙权为骠骑将军，辟补西曹掾”。阚泽为西曹掾的时间与孙权为骠骑将军是同一年，就是建安二十四年（219）。[①] 在这一年之前，阚泽有“除钱唐长，迁郴令”两次为官经历，假定为六年，推知阚泽“察孝廉”的时间是公元213年即建安十八年。东汉顺帝阳嘉元年（132），“令郡国举孝廉，限年四十以上”[②]。举孝廉必察德行，以为年纪过轻不足以考量德行，故规定“限年四十以上”。据此，阚泽“察孝廉”的公元213年至少已经四十岁。如此推算，阚泽大约生于公元173年。“为人佣书”的

① 据《三国志》卷四十七《吴主传》。

② 《后汉书》卷六《孝顺帝纪》。

年龄以十六岁计，在公元 189 年即东汉灵帝中平六年。因此，断阚泽“为人佣书”是在灵帝末年或建安初年并无问题。阚泽虽是吴国重臣，然而他少年佣书的时间不可系于三国。

根据阚泽“为人佣书，以供纸笔”，可以推断东汉末年的会稽山阴地区已经流行纸书。会稽并不属于传统时代所称的中原，与中原有大江大河与高山的阻隔。蔡邕晚年为躲避宦官迫害，“亡命江海，远迹吴会”达十二年。蔡邕因此到过会稽，并将会稽上虞人王充的《论衡》第一次带到北方。蔡邕选择会稽“亡命江海”，便知会稽在东汉是中原以外的偏远地区。到东汉末年，会稽山阴已有纸书，表明会稽地区造纸业在全国是出现较早的，而且这一地区的纸业到唐宋时期还在全国领先。这件事也说明，东汉后期除了中原地区纸业生产迅速发展，中原以外的有些地方也有了纸业生产。“蔡侯纸”出现后一百年左右，纸业生产已从中原向四方扩散，浙江会稽一带与四川蜀郡等地当时已经初步建立造纸业。

2. 曹操命民妇蔡文姬写纸书四百余篇说明什么？

《后汉书》卷八十四《列女传》：

操因问曰："闻夫人家先多坟籍，犹能忆识之不？"文姬曰："昔亡父赐书四千许卷，流离涂炭，罔有存者。今所诵忆，裁四百余篇耳。"操曰："今当使十吏就夫人写之。"文姬曰："妾闻男女之别，礼不亲授。乞给纸笔，真草唯命。"于是缮书送之，文无遗误。

蔡文姬，名琰，字文姬，蔡邕的独生女。蔡邕是东汉后期最大的藏书家，曹操说"闻夫人家先多坟籍"指此。从"乞给纸笔"之语，知蔡文姬所写四百余篇都是纸书。蔡文姬为曹操写书四百余篇的时间，是她被匈奴掳去而于建安七年（202）由曹操将她从匈奴赎回之后，所以必定在建安年间，不过，此事的确切年代无记载。据陆侃如先生考，此事发生在建安二十年即公元 215 年左右[1]，可参考。

曹操在建安年间挟天子以令诸侯，权倾天下。他之所以命蔡文姬写书，既因为自己爱书，又因为中秘书在不久前董卓之乱中已经全部毁灭。朝廷缺少书籍，才出

① 陆侃如《中古文学系年》，人民文学出版社 1985 年版，第 363 页。

现命民妇蔡琰靠记忆“缮书送之”之事。在此需注意，西汉司马相如“请为天子游猎赋”时，武帝“令尚书给笔札”；东汉贾逵作《神雀颂》时，明帝“敕兰台给笔札”；到建安年间，曹操命蔡文姬写书给的是“纸笔”。从“给笔札”到“给纸笔”，前后出现的这种变化说明什么？说明中秘书自董卓乱中“莫不泯尽”之后，建安年间朝廷增添的书籍已经是纸书，从此中秘书不再是简书了。它也说明，全国书籍正在全面实现由简书向纸书的历史性转变。

3. 曹丕以《典论》纸抄本赠孙吴重臣张昭在早期纸史上有何意义？

《三国志》卷二《文帝纪》载：“帝好文学，以著述为务，自所勒成垂百篇。”于此，裴注引胡冲《吴历》：

> 帝以素书所著《典论》及诗赋饷孙权，又以纸写一通与张昭。

这里要特别说明的是，查上面同一引文，又见《三国志》卷四十七《吴主传》裴注所引。读《吴主传》，便知曹丕赠书的时间是魏黄初三年（222），今天学术界都将此事系在建安二十二年（217），有误。[①] 读《吴主传》，又知曹丕向东吴赠书的原因是什么。在此之前，孙权在夷陵一带打败刘备。接着，孙权"以使聘魏，具上破备获印绶及首级、所得土地，并表将吏功勤宜加爵赏之意"。孙权这样做的用意，是将攻蜀破刘备的责任推给曹魏承担，以减轻自己的压力。对魏国来说，联吴抗蜀是需要的，代吴受过则是不愿意的。魏文帝曹丕不愿意承担攻蜀破刘备的责任，所以对孙权的具体要求概不作答，然而为了联吴抗蜀，他以厚礼回报孙权。曹丕这次回赠的隆重礼品中，就有素书赠孙权，纸书赠张昭。孙权在这一年称帝，曹丕赠素书表示特别尊重之意；他以纸书赠张昭，是看重张昭在吴国的特殊地位。张昭本是中原人士，当时是吴国重臣。孙权常说："孤与张公言，不敢妄也。"曹丕赠书是表示对张昭的尊重。

东汉灭国于公元220年，曹丕赠书之事发生在两年之后。从纸的早期推广应用看，这件事以放在东汉末年

---

① 当今学界，皆根据《典论》作于曹丕为太子的建安二十二年（217），故系曹丕赠书孙权、张昭于建安二十二年。此说并无根据，主要是忽略了《三国志·吴主传》的有关资料。

考察为宜。

当今学术界，大都将曹丕赠张昭纸书作为建安年间人们轻视纸书的一种证据。其实，纸书不如帛书珍贵，就如简书不如帛书珍贵一样，从来没有疑问。不过，这一次曹丕赠书，乃是肩负外交使命的一种友好行为。无论是赠帛书还是赠纸书，曹丕都有借此增进魏吴两国友好的目的。帛书赠孙权，纸书赠张昭，这种区别仅仅表示对吴天子孙权的特别尊重，如此而已。如果当时社会上真的是瞧不起纸书，那么曹丕赠纸书给张昭，岂不就是故意得罪吴国重臣，拿魏国外交当儿戏？

其实，今天应该思考的问题是，当年曹丕为什么不赠张昭简书，而是赠纸书？因为在纸书之前，人们使用的是简书，连汉朝皇帝日常阅读的也是简书。崔瑗赠纸书《许子》给葛龚的时间，大约在公元 130 年以前；到公元 222 年，曹丕又赠纸书给张昭。这两件事，大约相隔一百年，两者都以纸书作为珍贵的礼物。前者，是一位著名文人将纸书奉赠一位尊敬的长辈，这是士大夫之间的个人行为。后者，是魏国皇帝将自己著作的纸书抄本赠给吴国的重臣，借此体现联吴抗蜀的外交意愿。

曹丕赠张昭纸书的历史意义是什么？这次曹丕赠纸

书，是肩负政治使命的外交行为，是代表魏国的国家行为。它说明到东汉末年，纸书已经取代简书而被社会人士所普遍认同，纸书的崇高地位已经是不容置疑与不可动摇的了。唯有如此，纸书才可以作为隆重的外交礼物。

4. 可以证明东汉末年中原地区通行纸书的其他例证。

其一，蔡邕赠王粲“数车”书。

《三国志》卷二十一《王粲传》载蔡邕见王粲说：“此王公孙也，有异才，吾不如也。吾家书籍文章，尽当与之。”蔡邕赠书数量，据《三国志》卷二十八《钟会传》裴注引《博物记》说：“蔡邕有书近万卷，末年载数车与粲，粲亡后，相国掾魏讽谋反，粲子与焉，既被诛，邕所与书悉入业。”蔡邕赠王粲的“数车”之书，晋人记为“几将万卷”。东晋张湛《列子序》说：“湛闻之先父曰：吾先君与刘正舆、傅颖根皆王氏之甥也，并少游外家。舅始周，始周从兄正宗、辅嗣，皆好集文籍；先并得仲宣家书，几将万卷。”张湛说的“始周从兄正宗、辅嗣”，是王业的两个儿子：长子王宏，字正宗；次子王弼，字辅嗣。王业是王粲之侄。王粲儿子在魏文帝时被诛，因此“邕所与书悉入业”，蔡邕赠王粲之书全部由王业继承。张湛说“先并得仲宣家书，几将万卷”，其中原委就是如此。

蔡邕赠王粲“数车”书，如果是简书，数量就不算多。据晋人记为“几将万卷”，不管是否精确，总之数量惊人。由此看蔡邕赠王粲之书，理当是纸书，或以纸书为多。

蔡邕赠王粲书的时间，是他在初平元年从吴地奉召回长安后，到初平三年被害这三年间，就是公元190年到192年的三年间。

其二，郑玄在《诫子书》中说：“所好群书，率皆腐敝。”

经学家郑玄是东汉后期重要藏书家。他生于公元127年，卒于公元200年。从生平看，他经历了从简书转变到纸书的过程。他临终前在《诫子书》中说：“所好群书，率皆腐敝，不得于礼堂写定，传与其人。”[①] 汉代称简书残败之状，如刘歆说“经或脱简，传或间编”[②]。

① 《后汉书》卷三十五《郑玄传》。

② 《汉书》卷三十六《刘歆传》。

脱简，就是书中有的简已遗失；间编，指书籍因更换编绳而造成错简或乱简。又如汉武帝诏曰：“书缺简脱，朕甚闵焉。”[①] 简书残败之状，一般就是脱简、乱简之类。郑玄自己使用过简书，他注《论语序》时还引《钩命决》说明经籍用简长短的不同规定。所以，他本是十分熟悉简书的。他在《诫子书》中谈自己家中书时，不说“脱简”“间编”之类，却说“所好群书，率皆腐敝”。从“腐敝”这样的情状看，郑玄临终前家中藏书以纸书为宜，或以纸书为多。

郑玄去世于公元200年，与阚泽“常为人佣书，以供纸笔”差不多同时。这时候，阚泽所在的会稽山阴地区已有纸书。与会稽相比，中原地区纸业生产最发达，纸书比会稽更多、更普遍。从社会条件看，郑玄藏书以纸书为多是可能的。

其三，邴原远游问学，“单步负笈，苦身持力”。

邴原，东汉经学家，北海（郡治在今山东省昌乐县东南）人，少年孤贫，苦学成才。《三国志》卷十一《邴原传》裴注引《原别传》：邴原年少之时，离家远

① 见《汉书》卷三十六《刘歆传》。

游问学，“单步负笈，苦身持力，至陈留则师韩子助，颍川则宗陈仲弓，汝南则交范孟博，涿郡则亲卢子幹”。笈，书箱。“单步负笈”，背着书箱，徒步行走。值得注意的是，邴原“单步负笈”之书是否是纸书呢？

据郭宪《洞冥记》所记，西汉董谒“常游山泽，负挟图书，患其繁重。家贫，拾树叶以代书，简易卷怀也”[①]。董谒“负挟图书，患其繁重”，可见因“繁重”而不宜携带图书徒步远游。《后汉书·吴祐传》载，吴祐父吴恢为南海太守，“欲杀青简以写经书”。吴祐谏曰：“此书若成，则载之兼两（章怀注：车有两轮，故称‘两’也）。昔马援以薏苡兴谤，王阳以衣囊徼名，嫌疑之间，诚先贤所慎也。”吴祐说“此书若成，则载之兼两”，一部经书差不多载一辆车。邴原“单步负笈”，如果带的是简书，困难实在太大。况且，邴原从北海到陈留，又到颍川，又到汝南，又到涿郡，经过今山东、河南、河北三省之地。由此看去，邴原远游问学，“单步负笈”之书以纸书为宜，或以纸书的可能性最大。邴原少年游学的时间在东汉灵帝后期。与邴原一

① 转引自《佩文斋书画谱》卷二十二。

起远游问学的，还有管宁、华歆二人。[1]

蔡邕赠王粲“数车”之书，郑玄称群书“率皆腐敝”，邴原“单步负笈”，文献记载中都没有说明是纸书。现在，如果将这些发生在东汉末年的事，联系其他事情综合起来看，大体以断纸书为宜。

（七）东汉后期官府政务中用纸事项

在蔡伦造纸成功以后，东汉政务领域立即开始使用纸，这并无疑问。不过在政务领域，并非所有原来使用简牍的，都立刻改为用纸。从文献资料中发现，一段时间内，重要公文如皇帝诏策或臣民章表，这些重要公文悉遵旧章，维持原来使用简牍的传统不变。诏策章表这些重要公文之外，大都由原来用简牍改为用纸。下面，介绍官府用纸事项。

1. 笺记纸。

前面说过唐溪典给延笃“废笺记”之事。据我们考证，此事发生在公元120年左右。现在，再说建安年间

---

① 参见《三国志》卷十一《管宁传》、《世说新语》卷一《德行》注引《魏略》。

孙权用笺记纸的例子。

《三国志》卷四十七《吴主传》载，建安十八年（213），曹操攻吴于濡须。孙权率水兵相击，频频得手。曹操见孙权“军伍整肃”，喟然叹曰：“生子当如孙仲谋。”于此裴注引《吴历》：

> 权为笺与曹公，说：“春水方生，公宜速去。”别纸言：“足下不死，孤不得安。”

从“别纸言”，知孙权给曹操的笺记是用纸写的。

笺记，是官府与官府之间以公务为内容的来往公函，是应用最多的一种公文。笺记不用简牍而用纸，说明官府政务中应用最多的一种公文较早实现以纸代简。孙权与曹操，都是当年最有权势的高官，独霸一方。看来官不分大小，所有笺记都是用纸书写的。

2. 曹操于建安十年（205）令属下“各进得失”，“纸书函封”。

《三国志》卷一《武帝纪》裴注引《魏书》建安十一年曹操的“十月乙亥令”，摘录如下：

吾充重任，每惧失中，频年已来，不闻嘉谋，岂吾开延不勤之咎邪？自今以后，诸掾属治中、别驾，常以月旦各言其失，吾将览焉。

曹操“十月乙亥令”，史家又称“求言令”。今与《初学记》卷二十一所引相校，发现“自今”后一段异文如下：

自今诸掾属侍中、别驾，常以月朔各进得失，纸书函封，主者朝，常给纸函各一。

其中特别规定用纸书写，所谓“纸书函封”。“主者”是尚书右丞，负责每月给有关官员每人发“纸函各一”。

“常以月旦各言其失”“常以月朔各进得失”，意思都是命令属下官员于每月初一各上一份意见书。曹操下令“常以月旦各言得失”，就其性质而言，与汉代原有的“封事”相当。

“封事”，是百官向皇帝密奏得失意见。《后汉书·光武帝纪》：“百僚并上封事，无有隐讳。”《后汉书·孝明帝纪》：“皆上封事，各言得失。”《汉官仪》：“密奏以皂囊封之，不使人知，故曰封事。”两汉皇帝通过“封事”听取不同意见，这是早有的传统。《文心雕龙》把“封事”置于弹奏文之后。《文心雕龙·奏启》：“自汉置八仪，密奏阴阳，皂囊封板，故曰封事。”皂囊即黑色布囊。“皂囊封板”，是用黑色布囊将写了意见的版牍密封起来。可见，“封事”原来用版牍书写。曹操“求言令”的性质，与“封事”并无二致。曹操“吾将览焉”，与汉皇帝“朕亲览焉”的口气也差不多。曹操挟天子而令诸侯，没有天子名分，所以不能称“朕”。

在纸的早期应用史上，曹操“求言令”的历史意义就是，将“皂囊封板”改为“纸书函封”，从而使一种重要公文实现了以纸代简。可见，到建安年间，官府公务用纸的范围进一步扩大。

3. 建安初年，丞相府主簿杨修的记事便条纸。

杨修在建安初年任曹操丞相府主簿，主管内外日常事务。《世说新语·捷悟》刘孝标注引《文士传》说：

> 魏武为丞相，（杨修）辟为主簿。修常白事，知必有反覆教，豫为答对数纸，以次牒之而行。敕守者曰：“向白事，必教出相反覆，若按此次第连

答之。”已而风吹纸次乱，守者不别而遂错误。

主簿杨修准备了“答对数纸”，交给“守者”以回答曹操询问。这个“答对数纸”，相当于今天的记事纸、便条纸等，属于政务应用中的非公文用纸。在官府政务中，如记事、便条、草稿这一类书写应用，就数量看远比正式公文要多。从杨修的“答对数纸”，知官府中记事、便条、草稿等书写应用，早已不用简策，而已改用纸。

4. 官府其他用纸事项。

从阚泽“为人佣书，以供纸笔”，知远离中原的吴越地区用纸在全国是较早的。吴地官府使用纸，也是较早的。据《三国志》卷四十六《孙策传》裴注引《江表传》，汉末琅邪道士于吉，到江东传道，干扰孙策行政。孙策因此下令拘捕收监。江东诸将纷纷营救于吉，“复连名通白事陈乞之”。孙策回答说：

今此子已在鬼箓，勿复费纸笔也。

从孙策的回答，可证江东诸将上书言事（“白事”），不用简牍，而是用纸。汉末道士于吉之事，见诸《江表传》《志林》《搜神记》等魏晋著作，其中荒诞不经之处甚多。《江表传》是西晋虞溥所作①，距汉末不远。《江表传》所记上面事例，说明当时地方官府上书言事不用简牍，已经使用纸。

何宇度《益都谈》记载刘备寓荆州，从南阳大姓邑氏贷钱千万，以为军需。诸葛孔明作保券（借据），至宋犹存。据说，诸葛亮的保券是用纸写的，并且又从宋代保存到明代末年。② 古代的契或券，原来都用简或牍。如《汉书·高帝纪》："折券弃责（债）。"师古注："以简牍为契券，既不征索，故折毁之，弃其所负。"刘备寓荆州为建安初年，当地有纸可用是没有疑问的，契券是否已用纸，录此备考。

（八）东汉末年官府沿用简牍事项

到东汉末年，官府保留使用简牍的事项，大致有四

① 《晋书》卷八十二《虞溥传》："注《春秋》经传，撰《江表传》及文章诗赋数十篇。卒于洛，时年六十二。子勃，过江上《江表传》于元帝，诏藏于秘书。"

② 转引自戴家璋主编《中国造纸技术简史》，中国轻工业出版社1994年版，第89页。

类。其一，皇帝下达的诏、策、制、敕，也包括律令、礼文等；其二，臣民上呈的章、表、奏、议等；其三，簿籍，包括户籍、名籍、财物簿册等；其四，如兵檄、传信、符节、名刺等。前两类为官府重要公文或文件，第三类为官府重要档案资料，第四类数量很少，用纸与否不影响大局。

1. 皇帝诏令文书。

汉皇帝的诏令文书，共有四种。蔡邕《独断》："汉天子正号曰皇帝……其言曰制诏……其命令：一曰策书，二曰制书，三曰诏书，四曰戒书。"[①]《文心雕龙·诏策》所记与《独断》大体相同，唯"戒书"为"戒敕"；又说："敕戒州部，诏诰百官，制施赦命，策封王侯。"上述四种，统称诏令或诏策。

汉诏书，概用一尺一寸的简牍，就是《汉仪》所说"尺一诏"[②]。《史记·匈奴列传》："汉遗单于书，牍以尺一寸。"两汉天子诏书，始终用尺一简牍，东汉末年还是如此。《后汉书·李云传》记桓帝延熹二年（159）

① 《独断》，据上海古籍出版社1990年影印清文渊阁《四库全书》本，下同。

② 《太平御览》卷五百九十三引。

李云上书说："尺一拜用，不经御省。"此处"尺一"就是诏令代词。又如，《后汉书·陈蕃传》"尺一选举"，《后汉书·杨赐传》"断绝尺一"，以上两例是桓帝、灵帝时诏令用尺一简牍的证据。一般地说，诏书文字多用简，少用牍。一牍，通常写五行字。汉光武帝以节约为念，"其以手迹赐方国者，皆一札十行，细书成文"[①]。刘秀用五行牍写十行字，字迹只能很小，所谓"细书成文"是也。用牍写诏，又称版诏。《后汉书·何进传》载，大将军何进被杀之后，宦官张让等作诏封官，"尚书得诏板，疑之"。这是中平六年（189）之事，可证东汉末年有"诏板"。《三国志·吕布传》裴注引《英雄记》："天子在河东，有手笔版书召布来迎。"这是汉献帝亲自用版牍写诏给吕布。

到东汉末年，策、制、诏、戒四者一概沿用简牍，都没有改而用纸。

在策、制、诏、戒四者中，唯策书规定不能用牍，只能用简。《独断》曰：

① 《后汉书》卷七十六《循吏传》。

策书：策者，简也。……其制长二尺，短者半之；其次一长一短，两编，下附篆书；起年月日，称皇帝曰，以命诸侯王、三公。其诸侯王、三公之薨于位者，亦以策书诔谥其行而赐之，如诸侯之策。三公以罪免，亦赐策，文体如上策而隶书，以尺一木[①]，两行，唯此为异者也。

策书用简策，不用牍，自古就是如此。《周礼·春官·内史》："凡命诸侯及孤卿大夫，则策命之。""策命"是用简策书写命令。周天子册封文书不用牍，用简策。策的本字是册。《说文解字》卷二下："册，符命也，诸侯进受于王也，象其札一长一短，中有二编之形。""象其札一长一短，中有二编之形"，就是《独断》所说"一长一短，两编"。所以册字是古代策命文书的象形。汉代策书规定只用简，是继承周代策命的体制。不同处只是汉代策书的范围仅限于诸侯王与三公这类高

① 《独断》原为"一尺木"，据《汉制度》改。《后汉书》卷一注引《汉制度》"策书"："三公以罪免亦赐策，而以隶书，用尺一木，两行，唯此为异也。"汉天子诏令用尺一简牍，臣民用一尺简牍；尺一比一尺长，以示天子之尊。若免策用"一尺木"，便与臣民无异，故以《汉制度》"尺一木"为是。

官，周代则是诸侯与卿大夫都用策命。

策书，有封策、诔策（或称哀策）、赐策（或称赠策）、免策等，都限用于诸侯王、三公以及相当层次的高官。诸侯王、三公以下，一概不用策书。策书所用简的长短，以及书写格式、书写字体等，如《独断》所说。策书这种特殊制度，不仅东汉末年仍沿用，而且一直延续到很晚的唐代。

2. 群臣章表。

《独断》载："凡群臣上书于天子者有四名：一曰章，二曰奏，三曰表，四曰驳议。"以上四者，统称章表；《文心雕龙》有《章表》一文，说之甚详。《独断》载："表者……文多，用编，两行；文少，以五行。……凡章表皆启封，其言密事，得帛囊盛。""文多，用编，两行"，意思是文字多时用简策，一简写两行。用编，就是用简策。"文少，以五行"，意思是文字少时用版牍，一牍写五行。群臣章表，同样可以用简或用牍；一般是文多时用简，文少时用牍。凡简为两行简，凡牍为五行牍。章表简牍为一尺，与天子简牍为尺一有差别。

章表需启封，不封称"露版"。诏令也需启封，不封称"露布"。不论章表还是诏令，一般都封，不封仅用于特殊情况。内容属特殊机密者，封之后又需套上“帛囊”。这是古代一种特别保密措施。

一直到东汉末年，百官的章奏表议仍沿用简牍，尚未用纸。

西汉崔篆《御史箴》说：“简上霜凝，笔端风起。”这是描写秉公办事的御史，在简策上书写弹劾奏文时的英姿雄风。御史按劾之文，汉代称“奏”。东汉桓帝时，范滂奏权豪二十余人奸暴说：“深为民害，岂以污简札哉！”[1] 可见桓帝时奏文仍用“简札”。《后汉书·祢衡传》载，刘表“与诸文人共草章奏”，“衡乃从求笔札，须臾立成，辞义可观”。[2] 从祢衡“求笔札”，知建安年间章奏仍用简牍，不用纸。冯翊人张既，“自惟门寒，念无以自达，乃常畜好刀笔及版奏，伺诸大吏有乏者辄给与，以是见识焉”[3]。“版奏”，或谓版与奏，或谓版牍。张既送大吏“版奏”，说明官员章奏用版牍。考张既这件事的时间是曹操拜司空之前。曹操拜司空于建安元年，张既“畜好刀笔及版奏”的时间在建安之前。东

① 《后汉书》卷六十七《范滂传》。
② 《后汉书》卷八十下《祢衡传》。
③ 《三国志》卷十五《张既传》裴注引《魏略》。

汉末年章奏仍用简牍，没有改用纸，这并无疑问。

其他，如礼文，到晋代仍用版牍；户籍等簿籍由简策改用纸需到魏晋；兵檄、传信、符节等在东汉末年一概用简牍。

（九）简要结论

其一，东汉造纸是在官府主导下取得最后成功的。

东汉和帝时，尚方令蔡伦集汉代造纸技术之大成，发明了制造“蔡侯纸”的成套工艺与技术，从而将不成熟的造纸技术全面提升为成熟的造纸技术，最终形成社会生产力。公元105年蔡伦造纸成功后，全国出现了以纸代简的热潮。从此，纸在社会上开始跨入全面推广应用的新阶段。东汉从发明纸到推广用纸，当局的政策比较开明，总体来看是成功的。

其二，在全国推广造纸，各地不可能齐头并进，必定有先有后。

蔡伦发明的造纸技术适用于手工作坊，生产规模一般较小。所以，纸在各地推广应用，只能以本地供应为主，必须在本地区建立纸坊，以满足需求。在各地建立纸坊，只能是逐步的，只能有先有后，无法齐头并进。

古代纸业在中原诞生，又率先在中原地区发展起来。纸业生产从中原向四周扩散的速度与广度，决定全国范围推广用纸的速度与广度。汉代疆域辽阔，纸业生产在全国各地不可能平衡发展。因此从地域范围看，实现以纸代简一般以中原在先，边疆地区在后。再就偏僻地区而言，一般与中原联系密切的在先，联系较少的在后。

其三，就推广应用的领域而言，一般是文化领域的应用在先，政务领域的应用在后。

文化领域的应用，主要指书信、书籍、书法等应用事项。政务领域的应用，有重要公文与非重要公文的区别。重要公文，主要指皇帝诏令、百官章表等。非重要公文，主要指笺记，以及非公文事项如记事、便条等。一般说来，政务的推广应用，以非重要公文的应用事项在先，重要公文的应用事项在后。

到东汉末年，就文化领域的应用而言，中原地区基本上已经实现以纸代简；中原以外的边远地区，有的已经用纸，有的仍用简牍。就政务领域的应用而言，重要公文到东汉末年一概沿用简牍，不论中原还是边疆都是如此；非重要公文的诸多事项，中原地区大都已经以纸代简，边远地区的地方官府，多因缺乏纸业生产而仍沿用简牍。

其四，鉴于古代以纸代简过程中无法避免不平衡现象，有必要考虑如何确定以纸代简的具体标志。

就文化领域而言，宜以中原地区实现以纸代简为基本标志，或主要标志。中原地区是当时全国文化中心，中原地区文化领域实现以纸代简，对全国文化最具决定性意义。比较而言，边远地区是否沿用简牍，对全国文化发展或者没有影响，或者影响甚微。就政务领域而言，宜以官府重要公文使用纸作为以纸代简的标志。具体说，以皇帝诏令与百官章表使用纸，作为以纸代简的标志。官府政务中保留少量使用简牍事项是难以避免的，以不影响全局为限。

三、三国与西晋的文化用纸

中国纸的早期应用，大约两百年时间，大致可分两个阶段。

第一阶段，从蔡伦造纸成功到东汉末年，大约一百年。这是纸在全国推广应用取得重大进展时期。其中，灵帝时期与献帝建安年间纸业生产扩大较快。蔡伦以后另一位造纸专家左伯，就出现在灵帝与献帝年间。到建安年间，中原地区文化用纸已趋普及；然而，官府的重要公文仍沿用简牍。

第二阶段，从东汉末年经三国到西晋，大约一百年。这是从文化用纸普及扩展到政务用纸普及的时期，也就是社会用纸全面普及的时期。三国时期的官府政务中，仍是纸简并用。到西晋年间，以通行纸诏为标志，官府重要公文开始完成以纸代简；简牍的使用仅留存在非常有限的范围内。

在纸的早期应用史上，以纸代简的历史分界线是西晋。迄今为止，史学界认为桓玄“禁简令”是以纸代简的历史分界线，时间在东晋末年。这与历史事实不符。本文凡涉及两晋材料，一般都区别西晋与东晋。三国与西晋是中国早期纸史上一个重要时期。把西晋与东晋的文献资料分开，以西晋为时间下限，就是为了说明西晋是以纸代简的历史分界线。

（一）书信用纸早成习尚

汉末建安年间，中原地区已经普遍用纸写信。到三国与西晋时期，进一步通行用纸写信。兹胪列资料于后。

1. 用纸写信。

《三国志》卷二十八《王凌传》记司马懿发兵讨伐王凌，裴注引王凌《与司马懿书》："累纸诲示，闻命惊愕。"从"累纸诲示"，知司马懿于魏嘉平三年（251）给王凌的书信都是纸信。再如，西晋八王之乱时，裴楷被捕，"索纸笔与亲故书"[①]，终于得救。以上两例，是三国与西晋用纸写信的例证。

2. 西晋何曾"以小纸为书者，敕记室勿报"。

西晋何曾，以服饰美食穷极讲究闻名于时。"食日万钱，犹曰无下箸处。人以小纸为书者，敕记室勿报。"[②]何曾是司徒、太傅，位高权重，奢侈成性。官员向他呈报的书函很多，他命令小纸所写信函一律"勿报"，只报大纸所写信函。何曾死于西晋咸宁四年（278）。

3. 以纸作为信函代词。

魏晋年间，人们语言中以纸作为书信代词，比建安时期更加常见。如三国王凌《与司马懿书》说"累纸

① 《晋书》卷三十五《裴楷传》。
② 《晋书》卷三十三《何曾传》。

诲示”，以“累纸”为书信代词。西晋八王之乱时，荆州刺史刘弘很得人心，“人皆感悦，争赴之。咸曰：‘得刘公一纸书，贤于十部从事。’”① 西晋愍帝建兴三年(315)，名将陶侃平定广州之乱后，诸将劝陶侃乘胜进击，陶侃说：“吾威名已著，何事遣兵？但一函纸自足耳。”② “咸曰：‘得刘公一纸书’”云云，表明以纸作为书信代词已被普遍认可。

（二）纸书盛行于民间与官府

1. 民间纸书盛行。

例证之一，“圣贤备在黄卷中”。

《晋书》卷九十二《褚陶传》：“褚陶，字季雅，吴郡钱塘人也。弱不好弄，少而聪慧，清淡闲默，以坟典自娱。……陶尝谓所亲曰：‘圣贤备在黄卷中，舍此何求？’州郡辟，不就。吴平，召补尚书郎。”

什么是“黄卷”？纸浸黄檗汁而呈黄色，此为黄纸；用黄纸制作的书卷，称黄卷。褚陶说“圣贤备在黄卷

① 《晋书》卷六十六《刘弘传》。

② 《晋书》卷六十六《陶侃传》。晋书无明确时间。此事《资治通鉴》系于愍帝建兴三年（315）。

中”，是在“召补尚书郎”之前，在三国末年或西晋初年。既说“备”，又说“黄卷”，可以说明三国末年或西晋初年，吴越地区民间经籍已经没有简书，都是纸书。中国古代的潢纸技术，至迟东汉末年就有，证据是《广韵》引刘熙《释名》：“潢，《释名》曰染书也。”

例证之二，“以纸札为良田”。

《世说新语》载洛阳有人问蔡洪：“吴旧姓何如?”蔡洪，西晋吴人；吴旧姓，指吴国旧时贵族的后代。蔡洪在列举了吴展、朱诞、严隐、陆机、陆云等的事迹之后说：“凡此诸君，以洪笔为锄耒，以纸札为良田，以玄默为稼穑，以义理为丰年……”① “以纸札为良田”的纸札，就是纸。《南史》卷二十五《张兴世传》：“橱板不供，由是有黄纸札。”黄纸札，黄纸也。《南史》卷五十《庾肩吾传》：“纸札无情。”这个纸札，也是纸。良田需耕耘，“以纸札为良田”是在纸上耕耘，比喻认真读书与认真作文。由此，知西晋吴越地区士人读书作文所用都是纸。

例证之三，“令写黄纸一鹿车”。

---

① 《世说新语·赏誉》。

西晋刘卞，字叔龙，东平须昌人，经太学入仕，“试经为台四品吏。访问令写黄纸一鹿车，卞曰：‘刘卞非为人写黄纸者也。’访问知怒，言于中正，退为尚书令史”[①]。访问，官名；鹿车，古代一种小型车辆。《晋书·刘伶传》记刘伶乘鹿车、携酒壶而行。“令写黄纸一鹿车”，“一鹿车”说明纸书数量不少。

2. 皇家秘书概是纸书。

荀勖《穆天子传·序》：

> 古文《穆天子传》者，太康二年，汲县民不准盗发古冢所得书也。皆竹简素丝编。以臣勖前所考定古尺度，其简长二尺四寸，以墨书，一简四十字。……虽其言不典，皆是古书，颇可观览。谨以二尺黄纸写上，请事平以本简书及所新写，并付秘书缮写，藏之中经，副在三阁。[②]

西晋太康二年（281），汲县民盗掘魏襄王墓（或

① 《晋书》卷三十六《刘卞传》。
② 《穆天子传》，上海古籍出版社 1990 年影印明正统《道藏》本。

说魏安鳌王墓)，发现简书数十车，由荀勖等人整理出古书凡六十八篇（另七篇折坏严重，无法整理)，《穆天子传》是其中之一。荀勖这篇序文，是当时上呈皇帝的报告。这里需注意的是，战国墓中的简书，整理之后不是重新抄在简策上，而是用“二尺黄纸”抄写，可证西晋中秘书没有简书，概是纸书。

西晋朝廷并非没有简策，像西晋策书就必须用简。然而，朝廷书籍概不用简抄写。除了《穆天子传》用“二尺黄纸”，又如王隐《晋书》记：“陈寿卒，诏河南尹华澹下洛阳令张泓，遣吏赍纸笔，就寿门下写取《三国志》。”[①] 陈寿卒于西晋惠帝元康七年（297)。西晋诏令抄写陈寿《三国志》，所用也是纸。所以，策书用简，书籍用纸，两者并行不悖，不是一回事。一旦发现策书用简，不必进而怀疑书籍是否用纸。

3. 贫寒子弟葛洪用纸两面抄书说明什么？

葛洪，字稚川，丹阳郡句容县人，生于约公元 281 年，卒于公元 341 年。他幼年家贫，“日伐薪卖之，以给纸笔”，晚间借柴火之光抄书。他在《抱朴子·自

① 《北堂书钞》卷一百四。

叙》中回忆说：

> 常乏纸，每所写，反覆有字，人鲜能读也。年十六，始读《孝经》《论语》《诗》《易》。[①]

葛洪“年十六”的时间是西晋元康六年（296）。他幼年所读书都是纸书，是西晋年间的事。

丹阳郡句容县，在今江苏省句容市，距离中原较远。葛洪出生时家中并不富裕，他是贫寒子弟。从葛洪之事可知，大致在公元3世纪后期，中原地区之外偏僻小县的一个贫寒子弟，通过自己砍柴卖钱换取纸笔，实现了读书的目的。他不得不用纸两面抄书，非常艰苦，可是这在古代已经是教育发展的不小成就。从纸的应用角度看，贫寒子弟通过出卖苦力可能拥有纸书，说明当地纸业生产已有相当规模，价钱不算太高，供应状况已见改善。再从以纸代简的角度看，贫寒子弟想读书，想到的是纸书，而不是简书，可知简书在那里已成为过时黄花，早已无人问津了。

① 葛洪《抱朴子》，《诸子集成》本。

(三) 文人用纸撰写作品

西晋个人著述，蔚然成风；与以前相比，数量倍增。西晋作者撰写作品，从不见有人使用简策，都是在纸上撰写。下面，胪列西晋作者在纸上写作的资料。从推广用纸的角度看，作者在纸上写作，与读者使用纸书，两者性质是一样的。

其一，石崇《王明君词序》："……昔公主嫁乌孙，令琵琶马上作乐，以慰其道路之思。其送明君，亦必尔也。其造新曲，多哀怨之声，故叙之于纸云尔。"[①]

石崇（249—300），字季伦，封安阳侯，官至荆州刺史，西晋著名诗人。

其二，张翰《诗序》："永康之末，疾苦痿瘵，故人颇候之。常以闲静为著诗，一首分句，改纸各有别读。"[②]

张翰，字季鹰，吴郡人，西晋诗人，平吴后到洛阳做官，因秋风起而思念故乡菰菜、鲈鱼，于是辞官

---

① 《文选》卷二十七，中华书局 1977 年影印胡克家重刻宋本。

② 《初学记》卷二十一。

归吴。

其三，潘岳《秋兴赋序》："晋十有四年，余春秋三十有二……摄官承乏，猥厕朝列，夙兴晏寝，匪遑底宁，譬犹池鱼笼鸟，有江湖山薮之思。于是染翰操纸，慨然而赋。于时秋也，故以'秋兴'命篇。"[①]

潘岳（247—300），字安仁，荥阳人，西晋著名文学家。诗以《悼亡诗》闻名。《秋兴赋》为潘岳名篇，作于公元278年。

其四，《晋书》卷九十二《左思传》记载左思"造《齐都赋》，一年乃成。复欲赋《三都》，会（左）妹芬入宫，移家京师，乃诣著作郎张载访岷邛之事。遂构思十年，门庭藩溷皆著笔纸，遇得一句，即便疏之"。

左思（252—306?），字太冲，临淄人，西晋文学家。左思撰《三都赋》时"门庭藩溷皆著笔纸"，东汉王充撰《论衡》时"户牖墙壁，各置刀笔"[②]，后者王充用简策，前者左思用纸，两者形成鲜明对照。王充（27—99?），字仲任，会稽上虞人，著作有《论

① 《文选》卷十三，亦见《世说新语·言语》，文字稍异。
② 《后汉书》卷四十九《王充传》。

衡》等。

其五，王嘉《拾遗记》记载，张华造《博物志》，“奏于武帝”，武帝赐“侧理纸万番，此南越所献”。

张华（232—300），字茂先，西晋著名学者、诗人。《博物志》为张华名著。侧理纸，或称苔纸，古代用于书写与作画的名贵纸品。

附录：东晋文人撰写作品用纸事例。

其一，著作郎虞预请求布纸。

虞预，字叔宁，东晋著作郎。自三国魏明帝时开始，著作郎职在撰史。虞预上书皇帝说：“秘府中有布纸三万余枚，不任写御书而无所给。愚欲请四百枚，付著作吏，书写起居注。”[①] 布纸，即废麻布所造纸。《礼记·王制》记载太史“典礼，执简记”，知古代史臣撰史，所用乃简策。东晋史官虞预请求用布纸撰写起居注，而史臣撰史早已用纸，如西晋惠帝元康七年（297）诏令抄写陈寿《三国志》所用就是纸。

其二，干宝撰《搜神记》所用是纸。

干宝，字令升，东晋著作郎，博学多才，《搜神记》

---

① 《初学记》卷二十一。

是干宝名作。他上书皇帝说："臣前聊欲撰记古今怪异非常之事，会聚散逸，使同一贯，博访知之者，片纸残行，事事各异。"[①] "片纸残行"云云，知《搜神记》所用是纸。

其三，王隐撰《晋书》，庾亮供纸笔。

王隐，字处叔，东晋陈郡人，继承父志撰《晋书》，然而"贫无资用，书遂不就"，"乃依征西将军庾亮于武昌。亮供其纸笔，书乃得成，诣阙上之"。[②]

其四，陶渊明饮酒作诗于纸上。

陶渊明（365—427），东晋著名诗人。他在《饮酒诗序》中说："余闲居寡欢，兼比夜已长，偶有名酒，无夕不饮，顾影独尽。忽焉复醉。既醉之后，辄题数句自娱，纸墨遂多。辞无诠次，聊命故人书之，以为欢笑尔。"[③] 陶渊明饮酒诗二十首，研究者认为系写于作者39岁时，即晋元兴二年，公元403年。又有研究者认为当写于晋义熙二年（406），作者时年已42岁。

---

① 《初学记》卷二十一。
② 《晋书》卷八十二《王隐传》。
③ 《陶渊明集》，中华书局1979年版，第86~87页。

（四）士人用纸制作自己所需书籍

古代士人所需书籍，一般都是自己制作的。下面，介绍陆云于公元302年，在邺都为陆机文集制作书卷之事。陆云《与兄平原书》说：

> 前集兄文为二十卷，适讫一十，当黄之。书不工，纸又恶，恨不精。[①]

陆机（261—303），字士衡，吴郡华亭人，因任平原内史而称陆平原。陆云（262—303），字士龙，陆机之弟。陆机、陆云都是西晋文学家，陆机在文坛最负盛名。陆云于西晋惠帝永宁二年（302）因公赴邺都（今河南省安阳市北）。邺都是曹魏都城，魏晋时十分繁华，左思《三都赋》所写魏都就是邺都。陆云《与兄平原书》写于邺都，时间是公元302年。

陆云信中所说的话，“书不工，纸又恶，恨不精”，这是已经完成的工作。“当黄之”，这是下一步待做的工

① 严可均《全晋文》卷一百二。

作。陆云为陆机编辑文集二十卷，抄写之事是雇请佣书者，所以他有“书不工”之说；未能购得良纸抄写，所以有“纸又恶”之语。士人制作书卷，以书写工整、纸质优良为尚。“当黄之”，黄，与潢通，就是装潢；意思是下一步理当装潢。装潢，包括入潢与装裱两部分。入潢，是用黄檗汁浸纸，目的在于防蛀。仅就入潢而言，可以在抄写之前，不一定在抄写之后。若用黄纸抄书，黄纸已经入潢，抄写后只需粘浆糊处入潢就行。纸书为什么必须装裱？纸的拉力和强度都不如缣帛，不耐折，不耐卷；未经装裱的纸书，容易损坏，不便使用，不便贮存。古人装裱书卷的基本办法是：先在纸的背面粘贴一层纸；然后，再加一根轴以便卷起。这样就成为卷轴。背后粘纸，古代称装、背装、装治等，是装裱必不可少的步骤。明人胡应麟说：“自汉至唐，犹用卷轴。卷必重装，一纸表里，常兼数番。”[①] 据南朝刘宋虞龢《论书表》说，晋代的背装技术尚不完备，刘宋范晔、徐爰加以改进。

根据陆云《与兄平原书》，便知西晋士人制作书卷，

① 《经籍会通》卷四。

第一步是用纸抄写复制，第二步是将纸卷装潢成书卷。中国古代出现装潢的唯一原因，就是适应人们使用纸书的需要。有纸书，才有装潢；没有纸书，就不会有装潢。陆云《与兄平原书》说“当黄之”，表明西晋已有装潢。这是西晋纸书应用已经普及的佐证。

（五）纸张普及与书法家谈纸上作书

三国与西晋书法家谈论书写工具，特点有二：其一，纸、笔、墨三者一起谈；其二，就纸而言，强调挑选纸中佳品。从传者与受者的关系看，书法家谈这些经验，是因为社会上有人需要这些经验。大家都已用纸书写，为了提高自己的书艺，办法之一就是借鉴书法家的经验。所以，从书法家谈纸及纸、笔、墨三者的配合关系来观察，可以推知纸的社会应用普及与否。

1. 韦诞。

韦诞（179—253），字仲将，汉魏间书法家。魏明帝青龙年间（233—237），洛阳、许昌、邺都三地宫观落成，命韦诞题署，“给御笔、墨，皆不任用”。于是，韦诞上书明帝说：“蔡邕自矜能书，兼斯、喜之法，非流纨体素，不妄下笔。夫工欲善其事，必先利其器，若用张芝笔、左伯纸及臣墨，兼此三具，又得臣手，然后可以兼径丈之势，方寸千言。”[①]

韦诞上面这番话，强调好的书法作品必须是书法家与书写工具相结合，书写工具包括纸、笔、墨三者。韦诞碰到的御笔、御墨都不好用，所以他特别指出书写工具的作用。从韦诞这番话推测，当时社会上纸、笔、墨的品种很多，良莠不齐，所以强调必须选用优良产品。

2. 皇象。

皇象，生卒年不详，字休明，广陵江都人，吴国著名书法家，葛洪《抱朴子》称“书圣者皇象”。皇象工草书，他谈草书时说笔需委曲宛转不散者，纸当得滑密不黏污者，墨又须多胶绀黝者。[②]

皇象对纸有三点要求：滑、密、不黏污，这是对纸的光洁度、强度、吸水性、吸墨性的要求。由此，可以推测当时造纸的工艺技术特征。

3. 卫铄。

卫铄（272—349），字茂漪，书法家卫恒侄女。生

① 张怀瓘《书断》“韦诞”条。

② 转引自《佩文斋书画谱》。

于书法世家，本人是著名女书法家，人称卫夫人。王羲之幼年曾师从卫铄学书。题名卫夫人撰《笔阵图》说："笔要取崇山绝仞中兔毫，八九月收之，其笔头长一寸，管长五寸，锋齐腰强者。其砚取前涸新石，润涩相兼，浮津耀墨者。其墨取庐山之松烟，代郡之鹿角胶，十年以上，强如石者为之。纸取东阳鱼卵，虚柔滑净者。"①

卫铄是西晋到东晋之人，在西晋生活了44年，因此将她置于西晋。"纸取东阳鱼卵"，东阳，治今浙江省金华市；鱼卵，鱼卵纸，页面上有鱼卵花纹的一种古代名纸。鱼卵纹，是抄纸时通过抄纸网留下的印痕。"虚柔滑净"是鱼卵纸的质量特征。这里要说明，唐以前的书论包括王羲之书论在内，作者问题大都存疑，卫铄《笔阵图》也是如此。今天书法史学者大都认为，不论《笔阵图》是否真的出于卫铄之手，都可以代表卫铄的观点。对研究纸的推广应用史来说，可以代表卫铄观点就够了。

西晋潘岳《杨荆州诔》这样称赞杨肇的草书："翰

① 《汉魏六朝书画论》，湖南美术出版社1997年版，第95页。

动若飞，纸落如云。”[1] 这是描写杨肇纸上捷书时产生的绝妙艺术效果。杨肇，字季初，荥阳人，卒于晋咸宁元年（275），书法被《书断》列为能品。以前在简牍上书写，所谓“笔则笔，削则削”，书家既用笔，又用刀，所以很麻烦、很枯燥，根本不可能产生“翰动若飞，纸落如云”的快感。对书写这件事来说，以纸代简，就是以方便与快乐替代不便与麻烦。因此，当时只要有纸可用，谁都不愿意退回去，再用简牍抄书写信。自蔡邕开始，书法家纷纷介绍自己纸上作书的经验，正是适应了纸的社会应用迅速普及的迫切需要。

（六）虞龢《论书表》所记三国与西晋书法家纸书，没有简牍

魏晋书法家遗存后世的纸件书迹，就内容看大致有四类：一是抄录名家名篇，如皇象抄《春秋》、索靖抄《出师颂》、钟会抄《洛神赋》等；二是书家本人作品，如钟繇留下的书迹都是自己所作奏章等；三是与别人的信函，如王羲之传世手迹，以信函为多；四是其他。从

① 潘岳《杨荆州诔》，载《文选》卷五十六。

推广应用的角度看，书法家对纸的质量要求比一般读者更高、更讲究，所以书法家用纸普及之日，更是读者用纸抄书普及之时。两者存在一致之处。考证书法家纸件书迹的意义在此。

南朝刘宋继承了晋宫中所藏法书，庋藏丰富。虞龢奉命整理，他于宋明帝泰始六年（470）作《论书表》，谈到皇家所藏汉魏晋书法家书迹，其中曹魏与西晋共有三人，兹摘录如下：

钟繇：纸书六百九十七字；

钟会：书五纸四百六十五字；

索靖：纸书五千七百五十五字。[①]

钟繇（151—230），字元常，曹魏相国、太傅；汉魏间最重要书法家之一，与张芝齐名，史称“钟张”。根据后代书论所记，钟繇留下的书迹有《荐季直表》《贺捷表》《尚书宣示帖》等。钟繇书迹在曹魏时就是风靡于世的书法范本，文献中记载的都是纸书。虞龢《论书表》所记“纸书六百九十七字”，没有目录（唐

① 虞龢《论书表》，载《汉魏六朝书画论》，湖南美术出版社 1997 年版，第 147 页。

以前法书都没有目录)，内容不详。南朝王僧虔记他的高祖父王导说：“亡高祖丞相导，亦甚有楷法，以师钟、卫，好爱无厌，丧乱狼狈，犹以钟繇《尚书宣示帖》藏带中。过江后，在右军处，右军借王敬仁，敬仁死，其母见修平生所爱，遂以入棺。”[①] 右军，王羲之也；王敬仁，名修，字敬仁，官至东晋著作郎。王导将“钟繇《尚书宣示帖》藏带中”是在西晋末南渡之时，时间在虞龢《论书表》之前。史家认为，王导所藏《尚书宣示帖》为纸书。

钟会（225—264），字士季，钟繇之子，曹魏征西将军，书法家。虞龢《论书表》所记“书五纸四百六十五字”，没有目录，内容不详。唐李嗣真《书后品》：“钟、索遗迹虽少，吾家有小钟正书《洛神赋》。河南长孙氏雅所珍好，用子敬草书数纸易之。”[②] 小钟，钟会也；《洛神赋》，曹植名作；子敬，王献之也。这是钟会纸件书迹流传到唐代的例证。

索靖（239—303），字幼安，累赠司空，魏晋间著

① 王僧虔《论书》，载《汉魏六朝书画论》，湖南美术出版社 1997 年版，第 162 页。

② 转引自《佩文斋书画谱》。

名书法家。据后代书论所记，索靖留下的书迹有《出师颂》《月仪帖》等。虞龢《论书表》所记“纸书五千七百五十五字”，没有目录，内容不详。据记载，西晋王廙“得索靖书七月二十六日一纸，每宝玩之。遭永嘉丧乱，乃四叠缀于衣中以过江”[①]。王廙之事发生在西晋末南渡之时，在虞龢《论书表》之前。

虞龢《论书表》记录曹魏与西晋书法家钟繇、钟会、索靖三人手迹，都是纸书。据其他文献记载，这三人留传下来的书迹也是纸书，没有简牍。

汉代学习书法，本有珍藏名家版牍的习尚。如《汉书·游侠传》载西汉陈遵，“性善书，与人尺牍，主皆藏去以为荣”。收藏陈遵给别人的信件，目的就是用作书法范本。再如卫恒《四体书势》记东汉梁鹄，为获得师宜官书迹，乘师宜官酒醉悄悄留下他书写过的木板。从这些事例看，古人学习书法，原来多靠版牍。现在，虞龢所记法书中不见简牍，说明三国与西晋时期纸的社会应用已趋普及，也说明中原地区或全国大部分地区在文化领域已经以纸代简，不再使用简牍了。

---

① 《隋唐嘉话》卷下。

（七）窦臮《述书赋》所记三国与西晋书法家纸书，没有简牍

窦臮，字灵长，中唐人，生平不详。《全唐文》卷四百四十七介绍窦臮，称在唐德宗建中年间任范阳功曹、检校户部员外郎、汴宋节度参谋等。唐代窦蒙说，窦臮“及乎晚年，又著《述书赋》，总七千六百四十言，精穷旨要，详辨秘义”[①]。《述书赋》是继张怀瓘《书断》以后又一重要书论著作。窦臮自己为《述书赋》所作注中，记录了他亲眼所见前代名人的纸件书迹。中国早期纸史留存资料很少，《述书赋》记录了窦臮亲见的前代许多纸件书迹，为中国早期纸史保留了许多珍贵资料。兹据《全唐文》卷四百四十七《述书赋》，将窦臮所见三国与西晋人士的纸件书迹摘录于下。

1. 三国七人纸件书迹。

虞松，字叔茂，魏大司农。“今见隶纸草书具姓名一纸，十一行。”

司马师，字子元，魏大司马。“今见正书带名一纸，

---

① 《法书要录》卷六。

一十二行。”

司马昭，字子上，魏相国。“今见正书具姓名两纸，共一十二行。”

钟会，字士季，魏征西将军。“今见带名行书一纸，八字。”

嵇康，字叔夜，魏中散大夫。“今见带名行书一纸，五行。”

皇象，字休明，吴青州刺史。“今见带名章草帖表七行，并写《春秋》哀公上第二十九卷，首元年，余自二年至十三年，尽尾足其纸，每一大幅有一缝线联合之。六元凯押尾，云此是茧纸，紧薄有脉，似桦皮。以诸茧比类，殊有异者也。”①

贺邵，字兴伯，吴太子太傅。“见章草书带名一帖，五行。”

2. 西晋十二人纸件书迹。

司马攸，字大猷，晋大司马。“今见正书带名凡四

---

① 按：六元凯，人名，《墨池编》作陆元凯，皆有误。唐人韦述《叙书录》：“开元五年……（陆）元悌等又割去前代名贤押署之迹，惟以己之名氏代焉。”又，唐人卢元卿《法书录》所记，与韦述同。由此知押尾者是陆元悌，不是陆元凯。凯，乃悌之误。

段，共三纸。”

杨肇，字季初，晋荆州刺史。“今见草书一纸，十行，有古署榜无姓名。”

山涛，字巨源，晋侍中。“今见正书带名一帖，四行。”

张翰，字季鹰，晋大司马掾。“今见草书一帖，三行，有古榜名满骞押尾。”

蔡充，字子尼，晋成都王掾。“见带名草书一帖，四行。”

顾荣，字彦先，晋骠骑将军。“今见草书带名三帖，共有一十二行。”

刘琨，字越石，晋太尉。“今见行书半纸，具姓名，五行。”

孔侃，字敬思，晋大司农。“今见具姓名行书一纸，七行。”

孔愉，字敬康，晋车骑将军。“今见具姓名一纸，三行。”

陶侃，字士行，晋侍中大将军。“今见带名正书一纸，十行。”

熊远，字孝文，晋大将军长史。“今见具姓名正书启七纸。”

应詹，字思远，晋镇南大将军。“今见草表带名二纸，共一十七行。”

上面西晋十二人，其中陶侃、熊远、应詹三人都死于东晋初年，孔愉在西晋生活到四十九岁，因而都可归于西晋。窦臮所见，有时称帖而不称纸，如“见带名草书一帖”等。《说文解字》卷七下：“帖，帛书署也。”帖，原指在丝织品上书写文字。自从有纸之后，帖（或称书帖、法帖）一般都是纸帖。西晋张翰“草书一帖”因有“满骞押尾”，知该帖就是唐人所说“梁官本”，原本是梁代官府纸件书帖，传承到唐。唐人韦述《叙书录》：“其古本，亦有是梁隋官本者。梁则满骞、徐僧权、沈炽文、朱异……署记。”①

窦臮所见三国与西晋这些名家纸件书迹，作于三国至西晋的公元 220 年到 316 年之间，前后大约一百年。这些纸件书迹从产生到窦臮所在的中唐，大约五百年，其间经历了晋末南渡与隋末大乱两次浩劫，保存下来实属不易。窦臮个人所见肯定有局限，像唐代李嗣真家珍

① 韦述《叙书录》，载张彦远《法书要录》。

藏的钟会手写《洛神赋》他就没有看见。而刘宋虞龢《论书表》所记钟繇、索靖纸件书迹共六千四百五十二字，到唐代已荡然无存，所存只是拓本复制品，这是大家公认的。经历了五百来年的历史沧桑，又经历了晋末南渡与隋末大乱两次浩劫，留存到唐的纸件书迹，凤毛麟角而已。

这些创作于三国与西晋而留传到唐代的书法范本，都是纸书，没有简牍。这说明三国与西晋时期纸的社会应用已经普及，也说明中国主要地区或绝大部分地区在文化领域已实现以纸代简，不再使用简牍了。

（八）傅咸《纸赋》是以纸代简的颂歌

傅咸，生于曹魏，卒于西晋，生卒年为公元 239 至 294 年。傅咸是魏晋文学家傅玄之子，与前面讲到的张华、石崇、潘岳、张翰、左思等是同时代人。这些人都是西晋著名著作家，他们撰写作品时都已经用纸，不用简策。纸自蔡伦以后，到公元 3 世纪，进入全面普及时期。身处该时期的傅咸，著有《纸赋》一篇。今天傅咸《纸赋》仅存残篇，是后人从《初学记》《艺文类聚》《太平御览》等类书中辑录的。现在，将《全晋文》卷五十一《纸赋》摘录于下：

> ……既作契以代绳兮，又造纸以当策。犹纯俭之从宜，亦惟变而是适。夫其为物（“物”指纸），厥美可珍；廉方有则，体洁性贞；含章蕴藻，实好斯文。取彼之弊，以为此新。揽之则舒，舍之则卷；可屈可伸，能幽能显。若乃六亲乖方，离群索居；鳞鸿附便，援笔飞书。写情于万里，精思于一隅。

根据《纸赋》现有文字，内容要点有二。

其一，强调以纸代简。纸自蔡伦制造获得成功后进入全面推广应用的阶段，但纸在实际应用中究竟是替代帛还是简？傅咸明确说是“造纸以当策”，又说：“取彼（指简策）之弊，以为此（指纸）新。”此外，南齐萧子良说汉兴用纸代简，“和帝时，蔡伦工为之”①。唐代张怀瓘《书断》也说：“汉兴，用纸代简。至和帝

① 《佩文斋书画谱》卷二十二“左伯”条引。

时，蔡伦工为之。”[①] 纸的历史作用是替代简牍，这在古代几乎是一致看法。

其二，歌颂纸在应用中的优越性。傅咸认为，纸的应用最有功于文化发展，如说“含章蕴藻，实好斯文”。《纸赋》提到的具体应用，主要是书籍与书信，认为纸的使用非常方便。“揽之则舒，舍之则卷；可屈可伸，能幽能显。”纸书阅读时可以展开，不读时可以卷起来；纸能折叠，又能摊开，尽如人意。纸件作品既利于秘藏，也适宜置于显著地位供人观瞻。而用纸写信带给人们的方便最多，“若乃六亲乖方，离群索居；鳞鸿附便，援笔飞书”。足以“写情于万里，精思于一隅”，为相隔遥远的亲友带来莫大便捷与愉快。

傅咸《纸赋》是一首以纸代简的颂歌。它的出现，说明西晋文化领域以纸代简的历史任务已经大功告成。

从考古资料看，英国人斯坦因于20世纪初在敦煌、罗布淖尔、和阗（今和田县）等地发现汉与晋代的木简，内容大部分是来往公文与簿册，小部分是字书、历书、医方、吉凶禁忌等，偶有来往信函。现有《汉晋西

---

① 张怀瓘《书断》“左伯”条。

陲木简汇编》一书。其实，东汉时西域就已经有纸了，西域的纸大概是中原人士带过去的。中国疆域辽阔，全国纸业生产发展不平衡，晋代有些边陲地区尚无纸业生产，因此出现纸简并用，或仍旧用简牍，这并不奇怪。这种情况，不能抹杀中原一带文化用纸早已普及这个历史事实。若以西域用简为根据，证明晋代中原人士写信作文仍旧用简，显然不符合事实。以偏概全，并非科学的研究方法。

四、西晋是以纸代简的历史分水岭

在东汉后期的官府政务中，不论朝廷还是地方，纸的使用已经相当普遍，此见前面所述。但是，官府重要公文如诏策、章表，一概使用简牍。此外，律令、礼文、户籍、簿籍等也使用简牍。与文化领域相比，官府政务领域沿袭使用简牍的时间长一些。

就政务领域纸的推广应用而言，皇帝诏令改用纸是重要标志。诏令用纸，臣民章表以及户籍等也就跟着用纸。古代纸诏，最早出现于三国，通行于西晋。西晋是官府政务领域实现以纸代简的转折时期。

（一）三国时期纸诏与版诏并存

文献中查到的最早纸诏，在魏明帝景初二年，即公元 238 年。曹魏中书监刘放，善书檄，掌机密。景初二年，魏明帝病危，召刘放到宫中议政。《三国志》卷十四《刘放传》载：

> 帝纳其言，即以黄纸授放作诏。

魏明帝这次黄纸诏，是史籍中见到的最早纸诏。刘放以前多次为曹魏作诏，所谓“三祖诏命有所招喻，多放所为”。从“即以黄纸授放作诏”这种语气看，似乎不是第一次用纸诏。然而，更早例证已难找到。

史书记载的另一纸诏，时间是在吴国甘露二年，即公元 266 年。

据《三国志》卷六十一《陆凯传》裴注引《江表传》，吴末帝孙皓大起宫室，陆凯上表切谏，孙皓下诏拒谏。陆凯接读诏书后，再次上表说：

> 臣拜纸诏，伏读一周，不觉气结于胸，而涕泣

雨集也。

“臣拜纸诏”，这是吴末帝孙皓已用纸诏的证据。这次纸诏的时间，可从陆凯表中自谓“臣年已六十九”考定。《三国志·陆凯传》称陆凯死于建衡元年（269），时年七十二。据此可知，陆凯六十九岁是甘露二年（266）。这一年，已经是西晋泰始二年，西晋开国第二年。孙皓这次纸诏，同样不会是吴国最早的纸诏，然而更早的例证暂时无法找到。

三国出现纸诏，并不说明简牍诏书已经完全消失。实际上，三国时代简牍诏书与纸诏并行存在。兹举二例。

《三国志》卷九《夏侯玄传》：

天未明乘马以诏版付允门吏，曰“有诏”。

这“诏版”，是曹魏以牍写诏之证。考其时间是曹魏嘉平六年，即公元254年，在刘放于公元238年为明帝作黄纸诏之后。

《三国志》卷六十四《孙綝传》裴注引《江表传》：

作版诏敕绋所领皆解散。

这“版诏”是孙吴以牍写诏之证。考其时间，是孙吴太平三年，即公元258年。

三国时期的纸诏，似乎是偶尔为之，尚未成为官府习尚。官府政务中继承东汉末年做法，仍旧是纸简并用。在边远地区，沿用简牍或纸简并用的时间，一般比中原地区更长。近年，在湖南就发现了吴国地方官府的大量简牍。湖南在三国时期尚是欠发达地区，纸业生产比吴越地区落后。全国纸业生产发展不平衡，以纸代简不可能各地齐头并进，或先或后不可避免。

（二）三国出现纸书章表

据现有资料考察，章表用纸书写的时间，比诏书要早一些。最早的纸写章表，出现在建安末年。

1. 钟繇三表皆纸书。

钟繇留传下来的章表真迹有《贺捷表》《荐季直表》《尚书宣示帖》，这三表皆是纸书。此外尚有《力命表》等，因手迹存疑而暂不论。钟繇留传下来的所有书迹都是纸书，早在刘宋虞龢《论书表》中就有明确记载。再如，钟繇《尚书宣示帖》是王导南渡时衣带中珍藏的纸书，这消息又是王导玄孙王僧虔所记，可靠无误。

《贺捷表》，钟繇署“建安二十四年”，即公元 219 年。《荐季直表》，钟繇署魏“黄初二年”，即公元 221 年。由此可见，建安末年就有纸书章表。

建安年间，肯定还有用简牍书写章表的。这时候的章表，存在简书与纸书两者并用的情况，详情如何已不可知。如今查到的最早纸诏是公元 238 年魏明帝“以黄纸授（刘）放作诏”，它比钟繇纸书《贺捷表》晚近二十年。就纸书章表而言，大概在曹操“求言令”规定“纸书函封”之前，尚不可能存在；或许是在“求言令”的建安十年（205）以后逐渐兴起的。

钟繇是书法大家，他带有楷书特点的隶书是官场文书的最佳书体。因此，他的纸书章表成为人们争相学习的书法范本而被保存下来。别人的纸书章表没有如此幸运，早已纷纷湮没在历史尘埃之中。

2. 吴国周鲂的纸书密表。

经建安末年到三国，用纸书写的章表逐渐多起来。史籍中记有吴国的纸书章表。吴国鄱阳太守周鲂，受命写信给魏国扬州牧曹休，伪装有叛吴归魏的意思，引诱曹休中计。为此，周鲂向吴帝孙权上“密表”报告事情经过，其中有这样一句话：“撰立笺草以诳诱休者，如别纸。”[①] 可见，周鲂这封密表是纸书无疑。

考周鲂这封纸书密表写于黄武七年，即公元 228 年。《三国志》卷四十七《吴主传》载黄武七年，“夏五月，鄱阳太守周鲂伪叛，诱魏将曹休”。对照钟繇在公元 219 年有纸书《贺捷表》，九年后有周鲂这封纸书密表并不令人惊奇。

三国章表虽有用纸的，但不可能都用纸。三国诏令既然仍用版牍，章表一般也是沿用简牍。

（三）西晋通行纸诏是以纸代简完成的基本标志

三国以后到西晋，纸诏开始通行起来。兹举文献资料为证。

1. 青纸诏与黄纸诏。

晋元康元年即公元 291 年，楚王司马玮在八王之乱中被杀。《晋书》卷五十九《楚王玮传》：

---

① 《三国志》卷六十《周鲂传》。

> 玮临死，出其怀中青纸诏，流涕以示监刑尚书刘颂曰：“受诏而行，谓为社稷，今更为罪。”

楚王玮“怀中青纸诏”是元康元年六月晋惠帝手书。

晋惠帝又以“青纸诏”赐太子死。《晋书》卷五十三《愍怀太子传》：

> 帝幸式乾殿，召公卿入，使黄门令董猛以太子书及青纸诏曰：“遹书如此（愍怀太子名遹），今赐死。”

惠帝以青纸诏赐太子死的时间是元康九年即公元299年。

赵王伦摄政时，孙秀专权，“自书青纸为诏”。《晋书》卷五十九《赵王伦传》：

> 伦之诏令，秀辄改革，有所与夺，自书青纸为诏，或朝行夕改者数四，百官转易如流矣。

孙秀“自书青纸为诏”的时间在永宁元年，即公元

301年。

史籍中的青纸诏，主要是《晋书》中上面三例。这三例的共同特点是，青纸诏都与皇太子或皇室兄弟诸侯王有关。从语用学观点看，语言中既有青纸诏，必定是为了区别另一种纸诏，这就是黄纸诏。若是无此区别，称纸诏就可以了，何须“青”纸诏？

宋人苏易简《文房四谱》引《京邦记》说：“东宫臣上疏用白纸，太子答用青纸。”依据此说，皇帝用黄纸作诏，太子皇储用青纸对答，以示区别。再参照史实。惠帝时贾后为陷害愍怀太子，先令黄门侍郎潘岳用太子口气起草了篡位文书，再诱使太子在酒醉后把这文书抄写到黄纸上。愍怀太子临死前遗书中这样说：

> 饮已，体中荒迷，不复自觉。须臾有一小婢持封箱来，云：“诏使写此文书。”鄙便惊起，视之，有一白纸，一青纸。催促云：“陛下停待。”又小婢承福持笔研墨黄纸来，使写。急疾不容复视，实不觉纸上语轻重。[1]

① 《晋书》卷五十三《愍怀太子传》。

研读这份遗书，可注意其中两小婢所拿纸。前一小婢拿来的是“一白纸，一青纸”。这白纸是贾后令潘岳起草的篡位文书，青纸是皇太子平时对答所用纸。后来，小婢承福拿来“黄纸”。黄纸本是皇帝诏书所用，太子在酒醉“荒迷”状态下，把文书糊里糊涂地抄到这黄纸上，这样就陷进了贾后设计的死罪之状。由此可见，《京邦记》所说并非无据。[①]《南史》卷四十二《萧嶷传》也提到“青纸文书”，这青纸也与太子有关，萧嶷本人又是齐高帝次子。

如此看来，青纸一般为晋代前后皇太子所用。皇帝赐太子诏，或赐皇子诸侯王诏，也用青纸。

另据宋苏易简《文房四谱》引《山简表》云：“臣父故侍中、司徒涛，奉先帝手笔青纸诏。”山简之父山涛，字巨源，生于魏，死于西晋武帝太康四年（283）。山涛本人并非皇族，这青纸诏大概是“先帝”即晋武帝做皇储时手书。

---

① 《京邦记》云东宫臣疏用白纸，此亦有据。《宋书》卷九十五记载，元嘉二十年，拓跋焘以国授其太子。“于是王公以下上书太子皆称臣，首尾与表同，唯用白纸为异。”又，《初学记》卷二十一引崔鸿《前燕录》：“慕容儁三年，广义将军岷山公黄纸上表。儁曰：‘吾名号未异于前，何宜便尔？自今但可白纸称疏。’”

汉代只有版诏，没有纸诏；三国时最早出现纸诏；到西晋，纸诏就有青纸诏、黄纸诏之别。西晋通行黄纸诏，青纸诏只在上文所说特定范围内使用。在下面所举例证中，可以进一步看清楚纸诏在西晋已经有替代版诏的趋势。

2. 怀帝密诏“纸练兼备”，而以纸诏为正本。

《晋书》卷六十一《荀晞传》载晋怀帝密诏，命令青州刺史荀晞出兵除掉擅权的东海王司马越，密诏最后说：

> 道涩，故练写副，手笔示意。

“道涩，故练写副”的意思是，因为路途不安全，所以用白绸写了诏书副本。荀晞在接读诏书后上表说：

> 奉被手诏，委臣征讨，喻以桓文，纸练兼备，伏读跪叹，五情惶怛。

从“故练写副”，到“纸练兼备”，可知这诏书正本是纸写的，是纸诏。

据考，晋怀帝这封密诏写于永嘉五年，即公元311年。从这件事，知西晋诏书已经通行纸诏。

3. 刘琨奉诏“伏纸饮泪”。

西晋末年，刘琨任并州刺史、大将军。建兴元年即公元313年，刘琨接到晋愍帝诏书后上疏说：

谒者史兰、殿中中郎王春等继至，奉诏，臣俯寻圣旨，伏纸饮泪。[①]

由“伏纸饮泪”，知这诏书也是纸诏。这再次证明西晋通行纸诏。

4. 晋末南渡之后，北方少数民族政权沿用纸诏。

《晋书》卷一百六《石季龙载记上》载石季龙诏曰：

魏始建九品之制，三年一清定之，虽未尽弘美，亦缙绅之清律，人伦之明镜。从尔以来，遵用无改。先帝创临天下，黄纸再定。

---

① 《晋书》卷六十二《刘琨传》。

"先帝"，即后赵石勒；"黄纸再定"，就是以黄纸诏"再定"九品选举之制。查《晋书·石勒载记下》，石勒再定九品之事在太兴二年，即公元319年。这一年，上距西晋末年仅有三年，与孙秀"自书青纸为诏"仅隔十八年。所以，石勒的"黄纸再定"，肯定是承袭西晋传统。

据史籍，石季龙用五色纸写诏书。《晋书·石季龙载记上》载：

> 季龙常以女骑一千为卤簿……游于戏马观。观上安诏书五色纸，在木凤之口，鹿卢回转，状若飞翔焉。

石季龙用五色纸写诏书，而且这纸能"状若飞翔"，可知纸的染色技术与质量都比较高。石季龙执政的时间是公元335年到350年。石季龙作诏用五色纸，并非常例。

又据《晋书》卷一百十三《苻坚载记上》："坚亲为赦文，猛、融供进纸墨。"可见前秦苻坚作诏，也是用纸。

5. "凡诸诏黄，皆其辞也。"

晋之诏书是否用黄纸，可参见《宋书》卷六十

《王韶之传》，其中记载王韶之为东晋恭帝写诏之事：

> 恭帝即位，迁黄门侍郎，领著作郎，西省如故。凡诸诏黄，皆其辞也。

“凡诸诏黄”，就是恭帝所有黄纸诏。从“凡诸诏黄”，再联系石勒“黄纸再定”等，可证两晋诏书通常用黄纸。

又，《晋书》卷十《恭帝纪》载元熙二年，傅亮“承（刘）裕密旨，讽帝禅位，草诏，请帝书之。帝……乃书赤纸为诏”。这是公元420年之事。诏用赤纸，与石季龙用五色纸一样，都不是常例。

（四）西晋章表已用纸

章表由简牍改用纸，始于三国，到西晋才完全实现。下面，列举西晋章表用纸数例。

1. 愍怀太子“启事十余纸”。

西晋惠帝时，愍怀太子因中贾后之计，酒醉时抄写贾后设计的篡位文书于黄纸上。当时，有大臣对这文书是否为太子所写表示怀疑。于是，“贾后乃内出太子素启事十余纸，众人比视，亦无敢言非者”[1]。从“启事十余纸”，知太子向皇帝所上书多用纸。

2. 王廙造表，“坏数纸不成”。

《晋书》卷七十一《孙惠传》载，西晋东海王司马越，夜召参军王廙造表，“廙战惧，坏数纸不成”。王廙，字世将，王导堂弟，少能属文，官至荆州刺史等。造表“坏数纸不成”，这是西晋章表用纸的明证。

3. “授以纸笔，尽意陈闻。”

西晋惠帝智能低下，司徒王浑因此常教惠帝如何应对。一次，王浑说，可先让中书对郡国计吏“指宣明诏”，然后“授以纸笔，尽意陈闻”。[2] 从“授以纸笔”，知西晋下属上呈皇帝的文书，都已经用纸了。

西晋太康年间，兵器库失火，尚书郭彰“不救火”，侍御史刘暾经责问无效，于是“求纸笔奏之”。[3] “奏之”，就是上呈奏文。可见西晋上呈皇帝的章奏用的是纸。然而有一例外，就是白简，容后面再谈。

---

① 《晋书》卷三十六《张华传》。
② 《晋书》卷四十二《王浑传》。
③ 《晋书》卷四十五《刘暾传》。

（五）西晋黄籍

户籍是征收赋税与征调兵员的根据，官府一向特别重视。户籍不是章表，是官府的重要档案资料，它是否用纸，理当与章表同时。先秦户籍用版牍书写，称版籍。到西晋，户籍称黄籍。

《太平御览》引《晋令》："郡国诸户口黄籍，籍皆用一尺二寸札，已在官役者载名。"[①] 西晋户籍为什么称"黄籍"？因为用黄纸书写，故称"黄籍"；黄纸是入潢的纸，可防虫蛀，呈黄色。所说"籍皆用一尺二寸札"，"札"就是晋代与南朝人所说"纸札"，这里是黄纸札。到东晋，北方士庶南渡后在侨郡的户籍，称"白籍"，以与"黄籍"相区别。胡三省说白籍是用白纸所造之籍。[②] 西晋有黄籍，到东晋又增加白籍。不论黄籍、白籍，都已经用纸。

户籍以外的西晋官府其他簿籍，除了缺乏纸的边远地区，大概也已改用纸。

---

① 《太平御览》卷六百六引。

② 胡三省《通鉴释文辨误》卷四。

五、西晋尚存简牍事项与桓玄“禁简令”之无效

以通行纸诏为标志，西晋已经在政务领域完成了以纸代简。不过，西晋政务中仍有一些留存简牍事项，总体来看数量不多，不影响以纸代简的大局。下面，先将留存简牍事项一一列举，然后看东晋末年桓玄“禁简令”之后，留存简牍事项是否有所变化。

（一）西晋尚存少量简牍事项已无关大局

1. 针对三公、诸侯王的策书。

《周礼》：“凡命诸侯及孤卿大夫，则策命之。”[①] 周天子策命，用一长一短简策书写，不用牍。先秦这个传统，汉代继承下来就成为策书。与先秦不同处是，汉策书的对象，仅限于三公与诸侯王以及相类高官。在西晋，三公及诸侯王之类高官任命，仍旧概用策书，也就是用一长一短的简策书写。以后经南北朝至隋，策书传

① 《周礼·春官·内史》。

统没有变更。详见《隋书·礼仪志四》。

2. 纸诏通行以后，版诏仅用于三公、诸侯王以外官员的封拜任免。

陆机《谢平原内史表》说：

> 陪臣陆机言，今月九日，魏郡太守遣兼丞张含，赍板诏书、印绶，假臣为平原内史。[①]

这是西晋将版诏用于官员任免的证据。西晋通行纸诏，前代保留下来的版诏，只用于官员任免，不再用于其他事项。再具体一点说，版诏专门用于三公、诸侯王以下官员的任免。

自西晋开始，版诏的使用限定在官员任免这个特定范围，所以史书从《晋书》开始，以“版”作为官员封拜任免的代词。例如，《晋书·虞潭传》：“王敦版潭为湘东太守。”《晋书·顾众传》：“众乃版（范）明为参军。”《晋书·谢沈传》：“征北将军蔡谟版为参军。”此外，屡屡出现“版补”“版督”等，意思是封拜任

① 《文选》卷三十七。

命；“版免”，则是免职的意思。

惠帝时有童谣云：“荆笔杨板行诏书，宫中大马几作驴。”① “荆笔杨板”的“荆”指楚王司马玮用事，“杨”指杨骏专权。“荆笔杨板行诏书”，意为楚王与杨骏专权时，以版诏滥行封拜任免，结果造成“宫中大马几作驴”，贤愚颠倒，君臣礼悖。

惠帝时赵王司马伦擅权，“府库之储不充于赐，金银冶铸不给于印，故有白版之侯，君子耻服其章”。“白版之侯”，意思是版诏上空有封拜之名，名不副实，等于“白版”。赵王伦摄政期间，郡县二千石皆封侯，“同谋者咸超阶越次，不可胜纪，至于奴卒厮役亦加以爵位”②。赵王伦这样滥封官吏，故称“白版之侯”，遭讥刺。

“荆笔杨板”“白版之侯”，都说明西晋三公、诸侯王以下官员的任免，用版诏，不用纸诏。在西晋，版诏的使用范围已经缩小到仅限于官员任免。

3. 弹劾的奏文，三公、诸侯王用白简，一般官员

---

① 《晋书》卷二十八《五行志中》。

② 《晋书》卷五十九《赵王伦传》。

用纸。

白简之称，最早见于《晋书》卷四十七《傅玄传》："玄天性峻急，不能有所容；每有奏劾，或值日暮，捧白简，整簪带，竦踊不寐，坐而待旦。于是贵游慑伏，台阁生风。"傅玄时任司隶校尉，责在监察；手中所捧"白简"，专门用于书写弹劾高官的奏文。

汉代群臣的章、奏、表、议四者之中，奏是专门用于弹劾官员的。《文心雕龙·章表》："奏以按劾。"汉代的弹奏文，按常例是用简策书写的，不用牍。因此西汉崔篆《御史箴》说："简上霜凝，笔端风起。"（《初学记》卷十二引）西晋用于弹劾的奏文，针对一般官员的都已改用纸，不再用简。例如，《晋书》卷四十五《刘暾传》记侍御史刘暾"求纸笔奏之"。弹劾三公、诸侯王这一类高官，则用白简，不用纸。所以，司隶校尉傅玄"捧白简"这种行为本身，就是表示准备弹劾三公、诸侯王。"贵游慑伏"，原因在此。

以纸代简实现之后，原来书写奏文的简策，西晋保留下来的仅有白简，专门用于弹劾三公、诸侯王。白简的使用范围十分狭小。

4. 天子纳后“六礼版文”。

晋代礼文之中，仍可见用版牍书写的个别事例。据《晋书》卷二十一《礼志下》，东晋太常王彪之，在穆帝升平元年即公元357年，参照汉晋旧仪，为皇帝定婚礼，撰“告庙六礼版文”。这“六礼版文”是：“纳采版文”“问名版文”“纳吉版文”“纳徵版文”“请期版文”“亲迎版文”。王彪之所定“六礼版文”已是东晋的事，然而这是参照汉晋旧仪而定，由此推知，西晋天子纳后礼文，也书于版牍。

东汉曹褒于章和元年（87），“撰次天子至于庶人冠婚吉凶终始制度，以为百五十篇，写以二尺四寸简。其年十二月奏上”[①]。曹褒所撰礼制，内容包括天子与庶人的冠婚吉凶全部礼仪，最后因意见不一致而未能实行。与曹褒相比，王彪之所定，仅限于天子纳后的婚礼礼文。为什么要定纳后礼文？天子是一国至尊，在婚聘过程中两方的对答，如何恰当，如何合乎彼此身份，成为困难问题。这“六礼版文”，就是具体规定婚聘双方六次对答的言辞。书于版牍的目的是，以此为准，避免

① 《后汉书》卷三十五《曹褒传》。

出错。

王彪之所定“六礼版文”，是鉴于天子纳后这一特殊情况才书于版牍。晋代其他礼仪制度，未见书于版牍的。既然五经早已是纸书，一般礼仪再书于简牍，已无可能与必要。所谓“六礼版文”，仅仅几块版牍而已，整体上毫不影响以纸代简。

5.“悬之亭传”的“新律诸死罪条目”。

《晋书·刑法志》载，西晋武帝泰始四年颁晋律：“大赦天下，乃班新律。”“凡律令合二千九百二十六条，十二万六千三百言，六十卷，故事三十卷。”又张华等表曰：“抄新律诸死罪条目，悬之亭传，以示兆庶。”“抄新律诸死罪条目”，既能“悬之亭传”，当是版牍无疑。

汉代律令，无不写在简上。西汉刘向上书成帝说：“有司请定法，削则削，笔则笔，救时务也。”[①] 从“削则削，笔则笔”，知汉代律令，概是简书。汉代律令，一般规定用二尺四寸简。曹魏依汉律，定魏法：“傍采汉律，定为魏法，制《新律》十八篇，《州郡令》四十

① 《汉书》卷二十二《礼乐志》。

五篇，《尚书官令》《军中令》，合百八十余篇。”[①] 从魏律称“篇”推断，以简书可能性大。晋律是增删魏律而成，由魏的一百八十余篇，变成晋的六十卷、故事三十卷，凡九十卷。晋律称“卷”，是晋律已经由简书改纸书的缘故。西晋诏书、章表、户籍等都已用纸，律令理当也用纸。“悬之亭传”的是少数“死罪条目”。“悬之亭传”是公之于众的临时措施，用纸容易损坏，以版牍更为适宜。

6. 用于征召的版檄。

檄用于征召，多用于兵事，也用于其他。汉代之檄，概用木简，长短则说法不一。《说文解字 · 木部》：“檄，二尺书，从木。”《汉书》卷一下《高帝纪下》，颜师古注：“檄者，以木简为书，长尺二寸，用征召也。”晋代有“版檄”，可能与版诏类似，都用版牍书写。《晋书》卷八十一《王逊传》载，王逊在惠帝末年赴任宁州刺史，“逊未到州，遥举董联为秀才。建宁功曹周悦谓联非才，不下版檄。逊既到，收悦杀之”。这“版檄”系征召秀才所用。《晋书》卷六十《李含

① 《晋书》卷三十《刑法志》。

传》载，皇甫商怨恨李含，“遂讽州以短檄召含为门亭长”。以“短檄”召李含，因檄之短而有轻视李含的意思。

从“版檄”“短檄”，可以证明西晋之檄尚未用纸。

综上所述，西晋留存简牍事项，数量最大的只有用于官员任免的版诏这一项。除此之外，像“策书”“白简”“六礼版文”，都是仅仅针对数量很少的特殊对象；“悬之亭传”的“新律诸死罪条目”，其实是临时措施；“版檄”应用范围非常小。由此可见，西晋使用简牍事项，总体上看数量很小，范围有限。所有这些残存简牍事项，已经无关大局。实现以纸代简，并不需要与简牍一刀两断，更不是将简牍彻底清除干净。因此可以认为，以纸代简的历史过程，到西晋已经基本完成了。

（二）桓玄“禁简令”

据《桓玄伪事》所记，东晋末年的桓玄，篡位称帝时下过一道命令如下：

古无纸，故用简，非主于敬也。今诸用简者，皆以黄纸代之。[1]

史学界称为桓玄“禁简令”，并且认为，简牍的历史最终完结是从桓玄这个“禁简令”开始的。查遍有关著作，几乎一致将这个“禁简令”断为中国以纸代简的历史分界线。桓玄“禁简令”，除了载于《桓玄伪事》，《晋书》《资治通鉴》等一概不见。《桓玄伪事》书已亡佚。

桓玄是名将桓温的儿子，东晋末年拥兵自重，成为权势最大的将领。他在元兴二年十月废晋安帝，在建康称帝，国号楚。但是，他很快在元兴三年二月，就被年轻将领刘裕率领的一千七百人逐出建康。桓玄本人从长江乘船逃往江陵，于同年五月被杀。桓玄颁布“禁简令”的时间没有记载，从事迹考察，只能在元兴二年（403）十月至元兴三年（404）二月的数月之间。

桓玄禁简并非不能实有其事，然而，从历史事实考察，却没有产生任何实际效果。

---

① 《初学记》卷二十一引《桓玄伪事》。

(三) 考察桓玄“禁简令”后至隋唐沿用简牍事项

要了解桓玄禁简是否真的有效，只需要考察“禁简令”之后，原来那些留存的简牍事项是否发生了变化。兹将桓玄之后沿用简牍事项一一列举于后。

1. 策书用简，一直延续到隋唐没有更改。

西晋实现以纸代简之后，策书仍旧用简，其时间之长久，最为突出。东晋末年虽经桓玄“禁简令”，可是策书用简之事，经南北朝至隋唐，从来没有更改。

《隋书·礼仪志四》：“诸王、三公、仪同、尚书令、五等开国、太妃、妃、公主恭拜册，轴一枚，长二尺，以白练衣之。用竹简十二枚，六枚与轴等，六枚长尺二寸。文出集书，书皆篆字。哀册、赠册亦同。”《隋书》所记，证明南北朝至隋的策书（册书），一直是用一长一短的两种简写的。与《独断》所记汉代策书相比，基本一致。区别只是隋的策书有轴，外面用白绸包裹，这一点在《独断》中并不明确。

据宋代叶梦得《石林燕语》卷三称，唐代“封拜册书用简，以竹为之”。另，后唐冯贽《云仙散录》引《凤池编》：“则天初称周，方具告天册文。有吏人见大

‘周’字上有两仙童，长二三寸，执刀划削。斯须视之，失去‘周’字。人知唐必复兴。”这个故事虽属荒诞，然而“执刀划削”，就是执刀铲削，可知武则天的告天册文，必是简策。唐代册礼，唐玄宗开元以后渐废，偶尔用于杨国忠、郭子仪等少数高官。[①] 中晚唐册礼仍有，然而总体说是越来越少。西汉以来一直沿用简策书写的策书，大概与唐始终。唐以后，不见有用简策书写的策书（册书）了。

2. 版诏，南北朝沿用不辍。

西晋政务领域实现以纸代简之后，在留存简牍事项中，以版诏数量最多。三公、诸侯王以下官员的封拜任免都用版诏。

桓玄“禁简令”后，版诏照常使用，丝毫不受影响。《宋书》卷五十四《孔季恭传》载：

> 及帝定桓玄，以季恭为内史，使赍封板拜授。

“帝定桓玄”，就是刘裕在元兴三年二月，把桓玄逐出建

---

① 《旧唐书 · 德宗纪上》：“自开元以来，册礼多废。”

康，东晋安帝复位。刘裕控制下的东晋朝廷，立刻派使者带着“封板”即版诏，去浙江拜孔季恭为会稽内史。从孔季恭这件事，知在桓玄从建康逃往江陵的路上，东晋朝廷就恢复使用版诏了。桓玄“禁简令”，当时无人理睬。

东晋以后的刘宋，官员任免概用版，不用纸。《宋书·礼志二》记有授官版（板）文程式如下：“令书前某官某甲。令以甲为某官，如故事。年月日。侍御史某甲受。右令书板文准于诏事板文。”

继《晋书》之后，《宋书》中的“版”（板）也成为封拜任免官员的代词，“版文”“封版”“版免”等词屡见不鲜。例如，《宋书·谢晦传》：“版免晦侍中。”《宋书·鲁爽传》：“版义宣及臧质等并起。”《宋书·刘延孙传》：“上使于五城受封版。”《宋书·吴喜传》载宋明帝罪吴喜诏：“……喜自得军号以来，多置吏佐，是人加板，无复限极。”《宋书·颜师伯传》载，世祖刘骏欲荐颜师伯任某官职，太祖刘义隆说：“朝廷不能除之，郎可自板。”刘骏“乃板（颜师伯）为参军事，署刑狱”。《宋书·百官志上》：“晋末以来，参军事、行参军又各有除板。”

封拜任免用版（板），南北朝延续不辍。只是到南北朝后期，大致从梁开始，出现一些变化。

其一，以“版授”表示赏赐名誉官职，一般以高龄人士为赏赐对象。《周书·明帝纪》：“板授高年刺史、守、令。”《隋书·炀帝纪上》载大业七年二月，“其河北诸郡及山西、山东年九十已上者，版授太守；八十者，授县令”。上面的“板授”“版授”，都是赏赐名誉官职，无俸禄。《南史·韦叡传》：“士大夫年七十以上，多与假板县令。”“板县令”，即“板授”县令，也是赏赐名誉官职，无俸禄。“版授”之事，唐代还有。《旧唐书·高宗纪上》载“城内及诸妇女年八十已上，各版授郡君”。

其二，官员中开始出现以“板”命名的有职无禄的虚职，如板法曹、板行参军、板谘议参军、板司马、板长史等。《隋书·百官志》：“板者并不言秩。”“板则无秩。其虽除不领兵。”

其三，除了“板”，需再加印绶，才表示位重。《隋书·礼仪志六》：“领兵满五十人，给银章，不满五十，除板而已，不给章。”“建威、牙门、期门已下诸将军，并铜印环钮，墨绶，兽头鞶，朱服，武冠。板则无印绶，止冠服而已。其在将官，以功次转进，应署建威已下诸号，不限板除，悉给印绶。”

封拜任免之外，偶有个别情况也用版诏。《隋书·礼仪志四》记后齐正月元旦“宣诏慰劳州郡国使”，用的是“版诏”，“诏牍长一尺三寸，广一尺，雌黄涂饰”。在计会日，“班五条诏书于诸州郡国使人，写以诏牍一枚，长二尺五寸，广一尺三寸，亦以雌黄涂饰”。这些都是特殊情况偶然使用版诏。

3. 白简，南北朝沿用不辍。

自西晋开始，御史弹奏之文，针对一般官员用黄纸，针对三公、诸侯王之类高官用白简。东晋以后，南北朝一直如此。白简奏闻之事，在南北朝丝毫不受桓玄“禁简令”的影响。

在南齐，御史中丞沈约《奏弹王源》最后说：“源官品应黄纸，臣辄奉白简以闻。”[1] 这件事的起因是，王源把女儿嫁给了富阳满氏，而王源是士族，满氏是庶族，南齐禁止士庶通婚。王源官阶不在三公之列，所以沈约说“源官品应黄纸”；然而认为他错误性质十分严

① 《文选》卷四十。

重，所以沈约说“辄奉白简以闻”。

《南齐书》卷三十六《谢超宗传》载御史中丞袁彖奏曰：“超宗品第未入简奏，臣辄奉白简以闻。”“品第未入简奏”，也是指谢超宗官阶不在三公、诸侯王之列，照理以黄纸奏闻；然而，袁彖认为他错误性质严重，于是“奉白简以闻”。

梁代御史中丞任昉《奏弹曹景宗》最后说：“谨奉白简以闻。”[①] 考《梁书》卷九《曹景宗传》，任昉此奏在梁天监二年（503）。

陈代仍用白简。例如，《陈书》卷二十八《武陵王伯礼传》：“谨以白简奏闻。”《陈书》卷十六《蔡景历传》：“免景历所居官，下鸿胪削爵土。谨奉白简以闻。”

南朝白简之用，没有受桓玄“禁简令”的丝毫影响。不过，白简奏闻之事，隋唐未见。

4. 天子纳后“六礼版文”，不仅南朝沿用，唐代还在沿用。

《宋书·礼志一》引晋王彪之“六礼版文”以后说：“孝武纳王皇后，其礼亦如之。”又说：“宋文帝元

---

① 《文选》卷四十。

嘉十五年四月，皇太子纳妃，六礼文与纳后不异。”西晋以后，“六礼版文”历代沿用；一直到唐代，皇帝纳后时还在沿袭使用，此有《新唐书·礼乐志八》所记为证，可参阅。

5. 版檄之用，结束于刘宋泰始年间。

西晋仍用的版檄，到刘宋泰始年间才改用纸。《南史》卷二十五《张兴世传》：“是役也，皆先战授位，檄板不供，由是有黄纸札。”考张兴世“是役”在沈攸之征讨袁颉时，据《宋书·明帝纪》，当在宋泰始二年，即公元 466 年。“黄纸札”，用黄檗汁浸过的纸，呈黄色；诏书、户籍等一般都用这种黄纸。《南史》卷五十《庾肩吾传》：“纸札无情。”“纸札”，即纸也。用纸写檄，最早是从宋明帝泰始年间出现的，从此版檄之事基本上不再有了。以黄纸代版檄，与桓玄“禁简令”毫无关系。

综上所说，西晋那些留存简牍事项，除了版檄在刘宋泰始年间改用“黄纸札”，东晋以后大都继续沿用，又经过了二百来年，到隋唐才见消失。以上简牍事项，数量十分有限，范围已经很小，无碍大体。就像汽车时代还有马车、牛车那样，不能以此为理由，否认西晋社会已经跨入普及纸的时代。

(四) 桓玄“禁简令”无非一纸空文而已

桓玄“禁简令”是否有效呢？从前面史实考证可以发现，以前不用简牍的，桓玄以后也不用；以前仍用简牍的，桓玄以后照旧使用。事实就是如此。桓玄“禁简令”，对中国历史上以纸代简，毫无影响可言。

从桓玄个人性格看，他好书法绘画，特别喜爱二王，本人写得一手好字。好书法必好纸，桓玄也确实爱好纸。他的为人特点，是“性苛细，好自矜伐”，称帝期间，遇到一位尚书写了一个错字，竟把有关官员全都贬官。[①] 从这件事可见他小题大做的个性。自以为是，好钻牛角尖，惯于小题大做，加上爱好纸，就可能做出禁简这种事情来。

实际上，桓玄禁简不可能产生什么影响。究其原因，一是桓玄篡位称帝时间太短。他称帝后在京城建康只待了几十天，立足未稳就被刘裕出兵赶走，仓皇逃往江陵。在这种情况下，即使下了“禁简令”，也没有人

---

① 《资治通鉴》卷一百十三。

听，怎可能产生影响？二是小题大做。禁简并非当务之急，如本文前面所说，西晋以来留存简牍事项，集中在政务领域。像策书用简，表示朝廷对三公等少数高官特别尊重；官员任免用版诏，表示朝廷对掌握人事权特别重视。这些事项，主要受传统观念影响太深，暂时不用纸，并无大碍。总体来看，这些留存简牍事项，数量十分有限，范围很狭小，事实证明对南北朝、隋唐的文化发展与传播，没有明显的负面影响。以为实现以纸代简，必须彻底清除简牍，必须与简牍一刀两断，这看似痛快，未必行得通，也无必要。桓玄虽也舞文弄墨，骨子里却是迷信强权的枭雄、拥兵自重的一介武夫。他称帝之后，不抓大事，抓的却是尚书写错一个字之类小事，还小题大做，抓了禁简这种可有可无的事。不过，假如桓玄自己能够坚持在台上，禁简仍有可能产生影响。实际上，桓玄自己很快被刘裕赶下台，如此禁简不可能留下什么影响。

在桓玄禁简一百多年前，以纸代简在西晋已经基本实现了，傅咸《纸赋》就是以纸代简业已完成的颂歌。以纸代简已经基本完成，而桓玄禁简之无效，也对中国社会的发展进步没有什么影响。将桓玄的“禁简令”放在魏晋南北朝时期的历史环境中看，不过是可有可无的小事一桩，或不值一提的一个小小插曲罢了。

《桓玄伪事》早已亡佚，它所记禁简之事，首先被唐代《初学记》等类书收录。既收录在类书，就容易被后人发现。桓玄“禁简令”自从被人们从类书中发现之后，转相抄录，争相引用。结果，一件微不足道的小事，被夸大为中国古代以纸代简的历史分界线。众口一词，不见异议，终于铸成魏晋南北朝史上一个谬误。不察史实，以讹传讹，竟至如此。古人有言，尽信书不如无书，此之谓也。

1999 年初稿于山东大学望云斋

2003 年冬修改定稿

《山东大学中文专刊》目录

《杨振声文集》

《黄孝纾文集》

《萧涤非文集》

《殷孟伦文集》

《高兰文集》

《殷焕先文集》

《刘泮溪文集》

《孙昌熙文集》

《关德栋文集》

《牟世金文集》

《袁世硕文集》

《刘乃昌文集》

《古汉字通解500例》(徐超)

《战国至汉初简帛人物名号整理研究》(王辉)

《瑶语方言历史比较研究》(刘文)

《石学蠡探》(叶国良)

《因明通识》(姜宝昌)